公益財団法人ドイツ語学文学振興会　編

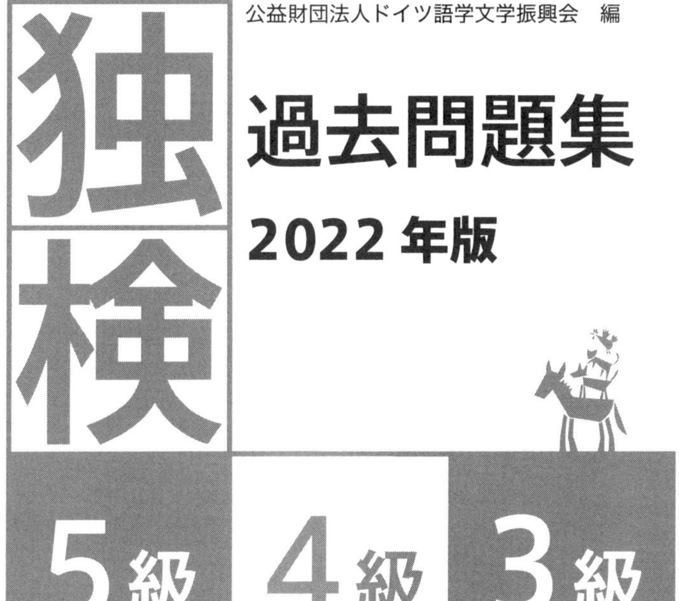

独検 過去問題集

2022年版

5級 4級 3級

ikubundo

この問題集の音声は，下記の郁文堂のホームページよりダウンロードすることができます。

https://www.ikubundo.com/related/73

01　本文中のこのマークは音声収録箇所を示しています。数字は頭出しの番号です。

CD は別売となります（2 枚組 / 本体価格 2,000 円 / 送料別）。ご希望の場合は，下記郁文堂営業部までご注文をいただけますよう，お願いいたします。

【郁文堂営業部】
Mail: info@ikubundo.com
Tel: 03-3814-5571 Fax: 03-3814-5576
お問い合わせフォーム：https://www.ikubundo.com/contact

まえがき

――ドイツ語技能検定試験に挑まれる皆様へ――

地球上を嵐が吹き荒んでいるかのようです。2年前に巻き起こったCOVID-19のパンデミックはいまだに収束の兆しも見せていません。一方で，2月末にロシア軍がウクライナ東部に侵攻することで始まった戦争も，多くの犠牲者を出しながらも，停戦への道筋は全く見えておりません。人間の国際的な往来は，まだまだ制限されていますし，日本からドイツに手紙や荷物を送ろうとしても，ほとんどの郵便は受け付けてもらえなくなってしまいました。世界はすっかり分断されてしまったように見えます。

こんな時代に，日本の津々浦々で，コツコツとドイツ語の勉強を続けておられる皆様に，心からのご挨拶とエールを送らせていただきます。言葉は，人間の持つ宝箱に残された最後の希望だからです。人間が行うあらゆる表現の中でも，言語だけは「否定の表現」が可能です。「テーブルの上にリンゴがある」ことを絵に書くことはできますし，「森の奥で小鳥たちが鳴いている」ことを音楽で描写することもできるかもしれません。しかし，「リンゴがない」ということや，「森で小鳥たちは鳴いていない」ことを絵画や音楽で表すのは難しいでしょう。言語だけが，「～ではない」「～がない」ことも表現できるのです。それは，「嘘が可能であること」とも表裏一体です。言語は，事実でないことも言い表すことができるのですから。それゆえ，言葉によって不幸になる人もいつの世も必ずいるのです。しかし，だからこそ「希望」もまたあります。目の前の現実がいかに冷厳なものであったとしても，それとはおよそ逆方向の事柄を言い表すことができるのです。「誰もが平和で，自由で，豊かで，正しい勇気と，分けへだてのない愛に満ちあふれた世界」と，たとえば私たちは言うことができます。現在のような，人々も国々もちりぢりに遠ざけられた状況の中にあってもです。それは，今は現実ではありません。そういう意味では「嘘」かもしれません。でも，いつか「本当」になる可能性はあります。言葉は，今は不可能に思えることにも挑戦させてくれるものなのです。とりわけ，異言語を学ぶ皆さんは，ご自身の限界を押し広げているだけでなく，人間社会の限界を少しずつでも，確実に乗りこえてくださっています。

ドイツの大詩人ゲーテは，「世界文学（Weltliteratur）」ということを言いました。ゲーテの生きた18世紀から19世紀の初めは，現代の意味で言うところの

「国家」というものが確立して（日本でも明治政府ができました），それぞれの国家単位で何でも考えられるようになっていった時代です。そんな中，ゲーテは「国民文学（Nationalliteratur）だけではなく，世界文学も必要だ」と叫んだのでした。彼の考えた「世界文学」は「国民文学」と敵対するものではありません。それぞれの言語による「国民文学」の中に，普遍的な「世界文学」が育っていってほしい，と言うのです。異なる言語の間で文学の交流が起って，言葉の翻訳が行われれば，各言語や各民族に特有の感じ方，考え方，そしてその表現の仕方が，少しずつ他の言語の中にも形成されるでしょう。そのようにして，それぞれの言語による文学がお互いを照らし合い，映し合う中で，それぞれの言葉の中に「世界文学」が成長していってほしい，そうなれば，世界のあらゆる文明がいずれは望ましい形で，それぞれの個性を保ったまま，ひとつのハーモニーの中でともに輝くことができるだろう，というのがゲーテの「世界文学」の思想でした。彼の思い描いた「世界文学」は，まだまだ全然姿を表しているとは言えません。けれども，その萌芽はすでに吹いています。ドイツ語を学ぶ皆さんは，一人一人，ゲーテの後輩です。皆さんが苦労しながら，ご自身のお考えをドイツ語で表現しようとするとき，またドイツ語で発せられたことを，どうにかして理解しようとするとき，皆さんの中にも「世界文学」が木霊しています。もしも，世界に平和が訪れるとしたら，それは誰か偉い政治家がなし遂げることではなく，異言語を学ぶ多くの人々によって達成されることでしょう。

2022年　春

ドイツ語学文学振興会

目　次

5級

5級 (Elementarstufe)
検定基準

■初歩的なドイツ語を理解し，日常生活でよく使われる簡単な表現や文が運用できる。

■挨拶の表現が適切に使える。自分や他人を簡単に紹介することができる。
広告やパンフレットなどの短い文の中心的な内容が理解できる。
必要に応じて簡単な数字やキーワードを書き取ることができる。

■対象は，ドイツ語の授業を約30時間 (90分授業で20回) 以上受講しているか，これと同じ程度の学習経験のある人。

2021 年度 夏期 ドイツ語技能検定試験

5 級

筆記試験　問題

（試験時間　40 分）

出題は新しい正書法（単語のつづり方などに関する規則）に従います。解答は新旧いずれの方式でも認めます。

——注　意——

■受験票と机の上の受験番号が同じであることを確認してください。

■携帯電話，スマートフォン，スマートウォッチ等の電子機器類は電源を切り，カバン等にしまってください。机の上に置いてはいけません。

■中途退場は認めません。退場は試験放棄となります。

①問題冊子は試験開始の合図があるまで，開いてはいけません。

②問題冊子は表紙・裏表紙を含めて 8 ページあります。
余白は下書き・メモ用に使ってかまいません。

③試験監督者の指示に従って，解答用紙の所定の欄に，受験番号・氏名を記入してください。

④解答は黒の HB の鉛筆で強めに記入してください。
書き直す場合には，消しゴムできれいに消してから記入してください。

⑤**解答はすべて解答用紙の指定された箇所に記入してください。**

⑥記入する数字は，下記の見本に従って書いてください。

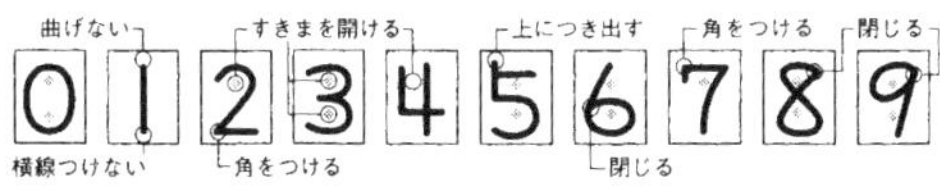

■試験が終わっても，指示があるまで席を立たないでください。

■解答用紙は持ち帰ってはいけません。

■この問題冊子の無断転載，無断複製を禁じます。

1 次の文で空欄（ **a** ）～（ **d** ）の中に入れるのに最も適切な動詞の形を下の **1** ～ **3** から選び，その番号を解答欄に記入しなさい。

Das (**a**) meine Schwester Anna. Sie (**b**) in Frankfurt Musik. Heute (**c**) ich Anna eine E-Mail. Morgen (**d**) wir zusammen unsere Großmutter.

(**a**)	**1** ist	**2** seid	**3** sind
(**b**)	**1** studiere	**2** studieren	**3** studiert
(**c**)	**1** schreibe	**2** schreibt	**3** schreiben
(**d**)	**1** besuche	**2** besuchen	**3** besucht

2 次の (**1**) ～ (**3**) の文で（　　）の中に入れるのに最も適切なものを下の **1** ～ **4** から選び，その番号を解答欄に記入しなさい。

(**1**) (　　) fahrt ihr? – Wir fahren nach Berlin.
1 Was　　**2** Wo　　**3** Woher　　**4** Wohin

(**2**) Ich habe einen Sohn. (　　) ist Taxifahrer.
1 Das　　**2** Er　　**3** Sie　　**4** Es

(**3**) Ich kenne (　　) Frau. Sie ist die Mutter von Alex.
1 das　　**2** den　　**3** der　　**4** die

3

次の (**A**) ～ (**C**) に挙げられた単語のうち，意味のグループが他と異なるものを，例にならって，下の **1** ～ **4** から一つだけ選び，その番号を解答欄に記入しなさい。ただし，名詞の性の区別は関係ありません。

例） **1** Brot　　**2** Buch　　**3** Ei　　**4** Eis
2 の Buch（本）だけ食べ物ではないので他と異なります。

(**A**) **1** Bäcker　　**2** Fernseher　　**3** Ingenieur　　**4** Lehrer
(**B**) **1** Auge　　**2** Mund　　**3** Nase　　**4** Tasse
(**C**) **1** dort　　**2** gestern　　**3** heute　　**4** morgen

4

次の (**1**) ～ (**4**) の条件にあてはまるものが各組に一つあります。それを下の **1** ～ **4** から選び，その番号を解答欄に記入しなさい。

(**1**) 下線部の発音が他と異なる。
1 Bild　　**2** Danke　　**3** Nacht　　**4** Tag

(**2**) 下線部にアクセント（強勢）がある。
1 Gemüse　　**2** Kartoffel　　**3** Monat　　**4** Schokolade

(**3**) 下線部が長く発音される。
1 Familie　　**2** Gabel　　**3** Jacke　　**4** Supermarkt

(**4**) 問い **A** に対する答え **B** の下線の語のうち，通常最も強調して発音される。
A: Kommt Paul aus Berlin?
B: Nein, er kommt aus München.

1 er　　**2** kommt　　**3** aus　　**4** München

5 **(A)** ～ **(C)** の会話が行われている場面として最も適切なものを，下の **1** ～ **4** から選び，その番号を解答欄に記入しなさい。

(A) **A**: Ich möchte bitte zahlen.
B: Getrennt oder zusammen?
A: Zusammen, bitte.

(B) **A**: Lisa, alles Gute zum Geburtstag!
B: Danke fürs Kommen. Viel Spaß!
A: Danke!

(C) **A**: Ich möchte diese Postkarte nach Japan schicken.
B: Nach Japan kostet 1,80€.
A: O.k. Danke schön.

1 郵便局　　**2** 映画館
3 誕生日パーティー　　**4** レストラン

6 次の Max と Sabine の会話を完成させるために，日本語になっている箇所 **A** ～ **D** にあてはまる最も適切なドイツ語を下の **1** ～ **3** から選び，その番号を解答欄に記入しなさい。

Max: (**A** 今晩レストランに行かない？)
Sabine: Gute Idee! (**B** 何を食べたいの？)
Max: Steak! Gehen wir ins Steakhaus „Texas“?
Sabine: Ah, das neben dem Kino, ja?
Max: Ja, genau. Das Steakhaus ist sehr gut.
Sabine: (**C** でもあそこは高いよね？)
Max: Ja, das stimmt. (**D** だったら家でスパゲッティを作るよ。)

A **1** Gehen wir morgen Abend ins Restaurant?
2 Gehen wir heute Nachmittag ins Restaurant?
3 Gehen wir heute Abend ins Restaurant?

B **1** Was möchtest du kochen?
2 Was möchtest du essen?
3 Was möchtest du trinken?

C **1** Aber dort ist es auch sehr hoch.
2 Aber dort ist es auch sehr teuer.
3 Aber dort ist es auch sehr schön.

D **1** Dann esse ich zu Hause Spaghetti.
2 Dann backe ich zu Hause Spaghetti.
3 Dann mache ich zu Hause Spaghetti.

7 次の文章の内容に合うものを下の **1** ～ **4** から二つ選び，その番号を解答欄に記入しなさい。ただし，番号の順序は問いません。

Ich heiße Peter. Ich habe einen Hund. Er heißt Max und ist 3 Jahre alt. Er isst gern Äpfel. Wir gehen jeden Tag spazieren. Manchmal spielen wir im Park. Der Park ist groß und Max läuft dort sehr viel. Aber zu Hause schläft er oft.

1 マックスは犬を飼っている。

2 ペーターとマックスは毎日散歩へ行く。

3 公園が近くにある。

4 マックスは家では眠っていることが多い。

8 以下は，Angela が出した家庭教師（Hauslehrerin）の広告です。表示の内容と一致するものを **1** ～ **8** から三つ選び，その番号を解答欄に記入しなさい。ただし，番号の順序は問いません。

Braucht ihr eine Hauslehrerin?

Hallo! Ich bin Angela.
Braucht ihr Hilfe bei den Hausaufgaben? Oder lernt ihr für einen Test?
Ich helfe sehr gerne Schülern und Schülerinnen (1.-13. Klasse).

Wer?:	Angela Richter, Studentin (Jura)
Wie alt?:	23 Jahre alt
Was?:	Englisch, Französisch, Mathematik, Chemie
Wann?:	Montag, Dienstag, Mittwoch, Donnerstag (nur nachmittags, ab 14 Uhr)
Wo?:	München
Online:	Nein

Preis / 45 Min.: 15,00 bis 18,00€

Kontakt: Tel. 0172 XXXX　　E-Mail: angelar@poodlemail.com

1 Angela は法学を専攻する学生である。

2 Angela が教えるのは女子生徒だけである。

3 Angela の年齢は 23 歳である。

4 Angela が教えるのは英語とフランス語だけである。

5 Angela は週末にも教えることができる。

6 Angela が教えることができるのは 15 時から 18 時までである。

7 Angela はオンラインでの授業も提供できる。

8 Angela と連絡を取る場合には，電話かメールを使う。

5級　2021年度 夏期 ドイツ語技能検定試験

筆記試験 解答用紙

受験番号	氏　名
21S	

手書き数字見本

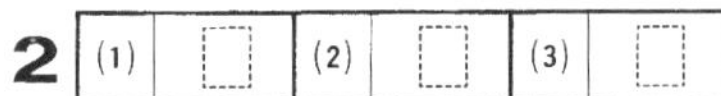

1	(a)		(b)		(c)		(d)	
2	(1)		(2)		(3)			
3	(A)		(B)		(C)			
4	(1)		(2)		(3)		(4)	
5	(A)		(B)		(C)			
6	A		B		C		D	
7								
8								

🔊
01

2021 年度 夏期 ドイツ語技能検定試験
5 級
聞き取り試験　解答の手引き

（試験時間　約 20 分）

出題は新しい正書法（単語のつづり方などに関する規則）に従います。解答は新旧いずれの方式でも認めます。

――注　意――

■受験票と机の上の受験番号が同じであることを確認してください。

■携帯電話，スマートフォン，スマートウォッチ等の電子機器類は電源を切り，カバン等にしまってください。机の上に置いてはいけません。

■中途退場は認めません。

①指示があるまでページを開いてはいけません。

②聞き取り試験は 3 部から成り立っています。

③試験監督者の指示に従って，解答用紙の所定の欄に，受験番号・氏名を記入してください。

④放送の指示でページを開き，解答のしかたをよく読んでください。解答のしかたと選択肢などが，2～3 ページに示されています。

⑤解答は黒の HB の鉛筆で強めに記入してください。
書き直す場合には，消しゴムできれいに消してから記入してください。

⑥**解答はすべて試験時間内に解答用紙の指定された箇所に記入してください。**

⑦記入する数字は，下記の見本に従って書いてください。

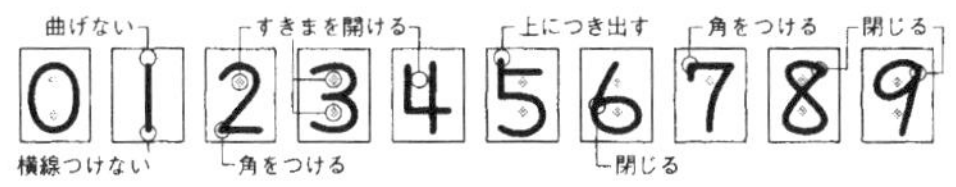

⑧アルファベットは大文字と小文字の判別ができるようにはっきりと書いてください。

■試験が終わっても，指示があるまで席を立たないでください。

■解答用紙は持ち帰ってはいけません。

■この問題冊子の無断転載，無断複製を禁じます。

02

第 1 部　Erster Teil

1. 第 1 部は，問題 (**1**) から (**5**) まであります。
2. まずドイツ語の短い文章を 2 回放送します。
3. それを聞いて，その文章の内容を最も適切に表している絵をそれぞれ **1** ～ **4** から選び，その番号を解答用紙の所定の欄に記入してください。
4. 以下，同じ要領で問題 (**2**)，(**3**) と進みます。
5. 次に，問題 (**4**) では数字を聞き取り，その答えを算用数字で解答用紙の所定の欄に記入してください。
6. 次に，問題 (**5**) では動詞を聞き取り，その答えを解答用紙の所定の欄に記入してください。
7. 最後に，問題 (**1**) から (**5**) までをもう一度通して放送します。
8. メモは自由にとってかまいません。

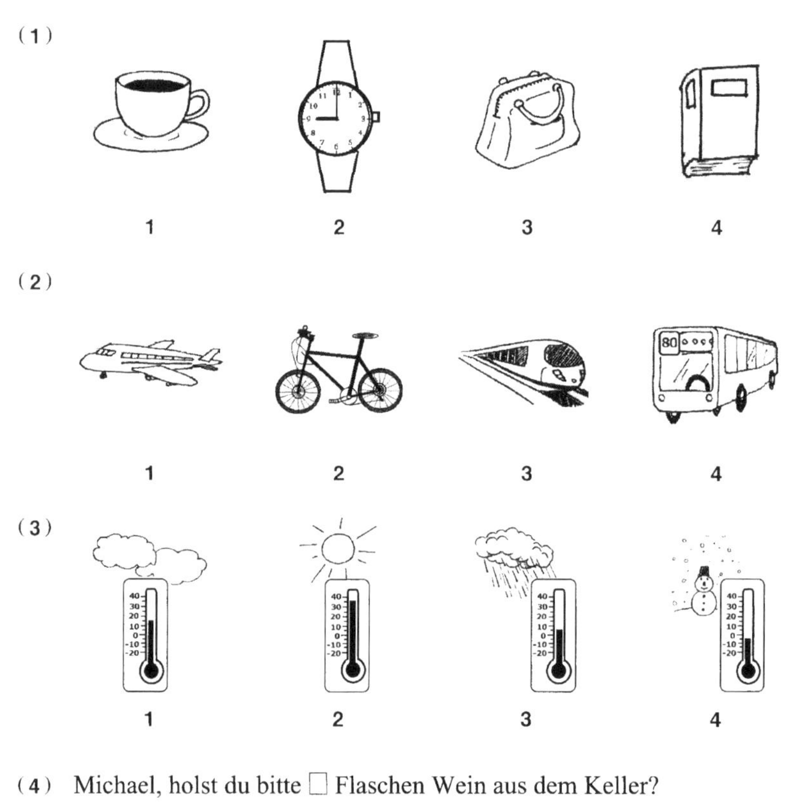

(**4**)　Michael, holst du bitte □ Flaschen Wein aus dem Keller?

(**5**)　Ich habe Durst. Ich ____________ Wasser.

03

第 2 部　Zweiter Teil

1. 第 2 部は，問題（**6**）から（**8**）までであります。
2. まずドイツ語の短い文章を放送します。次にその文章についての質問として，問題（**6**）から（**8**）を放送します。
3. それを聞いた上で，それぞれの問いの選択肢 **1** ～ **3** から質問の答えとして最も適切なものを選び，その番号を解答用紙の所定の欄に記入してください。
4. 文章と質問は，合計 3 回放送します。
5. メモは自由にとってかまいません。

（**6**）　**1**　14　　**2**　15　　**3**　16

（**7**）　**1**　Filme sehen　　**2**　Fußball spielen　　**3**　Rad fahren

（**8**）　**1**　Fisch　　**2**　Fleisch　　**3**　Gemüse

04

第 3 部　Dritter Teil

1. 第 3 部は，問題（**9**）から（**11**）までであります。
2. まずドイツ語の短い会話を続けて 2 回放送します。それを聞いて，その会話の状況として最も適切なものを下の **1** ～ **3** から選び，その番号を解答用紙の所定の欄に記入してください。
3. 以下，同じ要領で問題（**11**）まで進みます。
4. 最後に，問題（**9**）から（**11**）までをもう一度通して放送します。そのあと，およそ 1 分後に試験終了のアナウンスがあります。試験監督者が解答用紙を集め終わるまで席を離れないでください。
5. メモは自由にとってかまいません。

1　日曜日の予定についてたずねている。

2　買い物に誘っている。

3　今何を飲むか話している。

（**9**）

（**10**）

（**11**）

5級

2021年度 夏期 ドイツ語技能検定試験

聞き取り試験 解答用紙

受験番号	氏名
21S	

手書き数字見本

曲げない　すきまを開ける　上につき出す　角をつける　閉じる

0 1 2 3 4 5 6 7 8 9

横線つけない　角をつける　閉じる

【第 1 部】

(1)		(2)		(3)	

(4)	Michael, holst du bitte ☐ Flaschen Wein aus dem Keller?

(5)	Ich habe Durst. Ich ______________ Wasser.

採点欄

【第 2 部】

(6)		(7)		(8)	

【第 3 部】

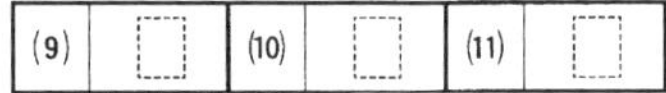

(9)		(10)		(11)	

夏期《5級》 ヒントと正解

【筆 記 試 験】

1 動詞の現在人称変化

正 解 **(a)** **1** **(b)** **3** **(c)** **1** **(d)** **2**

動詞の現在人称変化に関する問題です。動詞は「語幹」部分と「語尾」部分からできています。語尾は主語の「人称」と「数」，そして「時制」によって決まります。問題では，主語に一致する動詞の現在人称変化形を選ぶことが求められています。動詞には，規則的に変化するものだけでなく，不規則に変化するものもあるので，一つ一つ確実に覚えていきましょう。問題文は「こちらは私の姉（または妹）のアンナです。彼女はフランクフルトの大学で音楽を学んでいます。今日私はアンナに電子メールを書きます。明日私たちは一緒に私たちの祖母を訪問します」という意味です。

(a) 重要な動詞 sein（〜である）の現在人称変化を問う問題です。sein は主語に応じて変化形が大きく異なる不規則動詞であり，単数の場合は ich bin，du bist，er / sie / es ist，複数の場合は wir sind，ihr seid，sie sind，敬称 2 人称の場合は Sie sind のように変化します。問題文の主語 das は，人や事物を指して「これは，これらは」という意味を表す指示代名詞です。中性名詞につけられる定冠詞 das とは異なりますので注意しましょう。指示代名詞 das は，性・数に関係なく人や物を指して使います。このとき動詞 sein は 3 人称の形を取り，指されるものが単数であれば ist，複数であれば sind となります。例えば，Das ist mein Buch.（これは私の本です。）/ Das sind meine Bücher.（これらは私の本です。）のように使います。問題では「私の姉（または妹）のアンナ」と単数の人を指しているので，正解は選択肢 **1** です。［正解率 97.48%］

(b) studieren（〜を専攻する，大学で学ぶ）の現在人称変化を問う問題です。studieren は規則変化動詞であり，問題文の主語 sie は，前の文に出てきた meine Schwester Anna（私の姉［または妹］のアンナ）を指す 3 人称単数の人称代名詞であることから，語尾は -t という形を取ります。これと混同しやすいのが，3 人称複数の sie や敬称 2 人称の Sie です。これらの場合，動詞の語尾は -en となり

ますので，しっかりと区別しましょう。正解は選択肢 **3** です。［正解率 90.34%］

（**c**）schreiben（書く）の現在人称変化を問う問題です。問題文では heute（今日，きょう）という時を表す副詞が文頭に置かれていますが，これは主語ではありません。主語は空欄の直後に置かれた ich です。schreiben は規則変化動詞であり，1 人称単数 ich に対して，語尾は -e という形を取ります。正解は選択肢 **1** です。［正解率 94.12%］

（**d**）besuchen（訪れる，訪問する）の現在人称変化を問う問題です。文頭に置かれている morgen は，「明日，あした」という時を表す副詞です。名詞 Morgen（朝）と混同しないようにしましょう。besuchen は規則変化動詞であり，この文の主語は 1 人称複数 wir であることから，語尾は -en という形を取ります。正解は選択肢 **2** です。［正解率 94.75%］

◇この問題は 12 点満点（配点 3 点×4）で，平均点は 11.30 点でした。

1 ここがポイント！

＊規則的に変化する動詞の人称語尾を確実に身につけよう！
＊文頭に置かれているものが必ずしも主語であるとは限らない。主語にあたるものをしっかりと見極め，動詞の形を判断しよう！
＊ sein，haben，werden など，特に不規則な変化をする最重要動詞については，一つ一つの変化形を確実に覚えよう！

2 冠詞・疑問詞・代名詞

正解　（**1**）**4**　（**2**）**2**　（**3**）**4**

適切な冠詞，疑問詞，代名詞を選ぶ問題です。冠詞と代名詞に関しては，それと関連づけられる名詞と性・数を一致させる必要があります。（**1**）と（**2**）は空欄が問題文の文頭にあるので，選択肢の語頭が大文字で表記されています。

（**1**）疑問詞に関する問題です。選択肢 **1** の Was は「何が，何を」，選択肢 **2** の Wo は「どこで」，選択肢 **3** の Woher は「どこから」，選択肢 **4** の Wohin は「どこへ」という意味です。前半の疑問文に対する，後半の答えの文は「私たちはベルリンへ行く」という意味です。疑問文の空欄以外の部分は「きみたちは行くか？」と読めます。空欄には「どこへ」という意味の疑問詞を入れて，「ベルリンへ」という答えが得られるようにすればよいことがわかります。したがって，正解は選択肢 **4** です。選択肢 **2** を選んだ解答が 19.33% ありました。[正解率 61.76%]

(**2**) 代名詞に関する問題です。前半の文は「私には息子が一人いる」という意味です。後半の文の空欄以外の部分は「タクシーの運転手です」と読めます。文頭の空欄には主語が入り，誰が「タクシー運転手」であるのかがわかるようにしないといけません。前半部の意味からして，空欄には男性名詞である Sohn (息子) を指す代名詞が入ることがわかります。目の前にいる人を紹介しているわけではないので，選択肢 **1** の Das は使えません。選択肢 **3** と選択肢 **4** はそれぞれ女性名詞と中性名詞に対応する代名詞です。したがって，正解は選択肢 **2** の Er です。[正解率 94.54%]

(**3**) 定冠詞に関する問題です。後半の文は「彼女はアレックスの母親だ」という意味です。選択肢を見るとすべて定冠詞のようですから，前半の文は「私はその女性を知っている」という意味になりそうです。この前半の文では，主語が Ich (私は) で，Frau (女性) は「その女性を」という意味の目的語，すなわち 4 格にしなければいけません。Frau は女性名詞ですから，空欄には女性 4 格の定冠詞を入れる必要があります。選択肢 **1** の das は中性の 1 格あるいは 4 格，選択肢 **2** の den は男性 4 格あるいは複数 3 格，選択肢 **3** の der は男性 1 格，女性 2 格・3 格，複数 2 格の形です。したがって，正解は選択肢 **4** の die です。[正解率 85.71%]

◇この問題は 9 点満点 (配点 3 点×3) で，平均点は 7.26 点でした。

2 ここがポイント！

* ＊定冠詞の形をしっかり覚え，名詞の性・数・格に応じて適切に使えるようにしよう！
* ＊主要な疑問詞の意味を覚え，正しく使い分けられるようにしよう！
* ＊名詞とそれを受ける人称代名詞は性・数が一致していなければならないことに注意しよう！

3 語彙 (意味のグループが他と異なる語の選択)

正解 (**A**) **2** (**B**) **4** (**C**) **1**

四つの語の中から，意味のグループが他と異なるものを選ぶ問題です。語彙力が試されます。

(**A**) 選択肢 **1** は「パン職人」，選択肢 **2** は「テレビ」，選択肢 **3** は「技師」，選択肢 **4** は「教師」という意味です。この中では，職業名でない選択肢 **2** が正解です。-er のように終わり方が同じ語であっても，意味グループが同じであるとは限らないので注意してください。[正解率 75.21%]

(**B**) 選択肢 **1** は「目」，選択肢 **2** は「口」，選択肢 **3** は「鼻」，選択肢 **4** は「カップ」という意味です。この中では，身体の部位を表す名詞でない選択肢 **4** が正解です。語尾が -e のように形が似ていても，惑わされないようにしましょう。[正解率 72.90%]

(**C**) 選択肢 **1** は「そこに」，選択肢 **2** は「昨日」，選択肢 **3** は「今日」，選択肢 **4** は「明日」という意味です。この中では，時を表す副詞でない選択肢 **1** が正解です。なお，選択肢 **1** は場所を表す副詞です。hier (ここに) とセットで覚えましょう。[正解率 89.29%]

◇この問題は 9 点満点 (配点 3 点×3) で，平均点は 7.12 点でした。

3 ここがポイント！

＊よく使う語は，話題や場面別にまとめて効率的に覚えよう！
＊語の意味をおぼえるときは，その語を文の中でどんなふうに使えるかも合わせて考えてみよう！

4 発音とアクセント

正解 (**1**) **2** (**2**) **2** (**3**) **2** (**4**) **4**

発音，アクセントの位置，文中で強調して発音される語に関する問題です。発音の基本的な規則についての知識や，簡単な会話内容を把握する能力が必要となります。

(**1**) 子音字の d と t の発音に関する問題です。語末や音節末に位置する d は，無声音である [t] で発音され，その他の位置に d がある場合は有声音である [d] で発音されます。選択肢 **1** の Bild (写真，絵) の d は語末にあるため，無声音の

[t] で発音されます。それに対して，選択肢 **2** の Danke（ありがとう）の D は有声音の [d] です。選択肢 **3** の Nacht（夜）と選択肢 **4** の Tag（日）の t / T は無声音の [t] で発音されるため，選択肢 **1** の Bild の d と同じ発音となります。選択肢 **2** の Danke の D のみが，有声音 [d] で読まれます。したがって，正解は選択肢 **2** です。［正解率 94.54%］

（**2**）アクセント（強勢）の位置に関する問題です。ドイツ語では原則として，語の最初の音節にアクセントが置かれます。ただし，外国語由来の多くの語や，非分離前つづり（be-, ge-, ver- など）が付く語に関しては，最初の音節にアクセントがありません。各語のアクセントの位置は，選択肢 **1** の Gemüse（野菜）は ü，選択肢 **2** の Kartoffel（じゃがいも）は o，そして選択肢 **4** の Schokolade（チョコレート）は a になります。選択肢 **1** は ge- で始まる語であるため，選択肢 **2** と選択肢 **4** は外国語に由来する語であることにより，最初の音節にアクセントが置かれません。選択肢 **3** の Monat（暦上の月）のみ，最初の音節の o にアクセントが置かれます。したがって，下線部にアクセントが置かれるのは選択肢 **2** の Kartoffel であり，正解は選択肢 **2** です。31.09% の解答が選択肢 **3** の Monat を選んでいました。各選択肢の語は頻繁に使用されるものの間違って発音されることが多いため，注意が必要です。［正解率 42.44%］

（**3**）母音の長短を問う問題です。ドイツ語では原則として，アクセントのある母音に続く子音字が一つの場合，その母音は長く発音され，二つ以上の子音字が続くときは短く発音されます。選択肢 **1** の Familie（家族）は外国語に由来する語であり，アクセントは第 2 音節の i に置かれ，下線部の a は短く発音されます。選択肢 **2** の Gabel（フォーク）はアクセントのある母音の a に続く子音字が一つであり，ドイツ語の原則にしたがって a を長く発音します。選択肢 **3** の Jacke（上着）では，アクセントの置かれる母音 a に続く子音字が二つありますので，原則通り a は短く発音されます。選択肢 **4** の Supermarkt（スーパーマーケット）は，最初の音節にアクセントがあり，母音 u は長く読まれます。この語は元来，super（素晴らしい）と Markt（市場）という語が合わさっている語であり，このような場合はそれぞれの語の本来の読み方に則って読むため，後続の子音字が二つである下線部の母音 a は短く発音されます。したがって，正解は選択肢 **2** です。［正解率 76.47%］

（**4**）文において最も強調して発音される語を選ぶ問題です。基本的に，文の中で最も重要な情報を提供する箇所が強調して発音されます。**A** が「パウルはベルリン出身ですか？」と尋ねています。それに対して **B** が「いいえ，彼はミュンヘン出身です」と答えています。**A** が述べたパウルの出身地は間違っており，**B** がそれを nein で否定した上で正しい出身地の情報を提供していますので，出身地を示す地名である選択肢 **4** の München が最も強調して発音されます。したがって，正解は選択肢 **4** です。［正解率 94.12%］

◇この問題は 12 点満点（配点 3 点×4）で，平均点は 9.23 点でした。

4 ここがポイント！

＊ドイツ語の発音の原則にしたがうと，子音字 b，d，g が語末や音節末にある場合は無声音［p］，［t］，［k］で発音され，それ以外の位置にある場合は有声音［b］，［d］，［g］で発音されることに気をつけよう！

＊アクセントは語の最初の音節に置かれるのが原則だが，外国語に由来する語の多くや非分離前つづりで始まる語などは異なる。原則とともに，こういった例外も覚えよう！

＊母音を読む際の長短は，後に続く子音字が一つか，二つ以上かで見極めよう！

＊会話文の場合，重要な情報を把握し，それを強調して読むようにしよう！

5 会話の場面理解

正 解　**(A)　4　(B)　3　(C)　1**

短い会話を読み，その会話が交わされる場所や場面を選ぶ問題です。さまざまな表現を手がかりとした上で，会話の状況を総合的に判断する力が求められます。

(A) 会話の内容は次の通りです。

A: お会計お願いします。

B: （お支払いは）別々になさいますか？ それともご一緒ですか？

A: 一緒でお願いします。

A が zahlen（支払う）という語を使用し，それに対して **B** が Getrennt oder zusammen?（別々に，それとも一緒に？）と尋ねていることから，レストランやカフェでの会話であることが推測されます。したがって，正解は選択肢 **4** です。Getrennt oder zusammen? あるいは Zusammen oder getrennt? は，レストランやカフェで会計する際によく聞かれる表現です。それぞれが自分が飲食した分だけを支払う場合は Getrennt, bitte. と，そのテーブル全員の分をまとめて支払う場合は Zusammen, bitte. と答えます。［正解率 93.49%］

(**B**) 会話の内容は次の通りです。

A: リーザ，お誕生日おめでとう！
B: 来てくれてありがとう。楽しんで行ってね！
A: ありがとう！

A が Geburtstag (誕生日) という語を使用して alles Gute (おめでとう) と言い，それに対して **B** が **A** が来てくれたことにお礼を言っていることから，誕生日を迎えた **B** を **A** が訪ねていることが推測できます。したがって，正解は選択肢 **3** です。ドイツ語圏では，誕生日を迎えた本人がパーティーを開くことが多いです。［正解率 99.37%］

(**C**) 会話の内容は次の通りです。

A: このはがきを日本へ送りたいのですが。
B: 日本へは 1.80 ユーロかかります。
A: 了解です。ありがとうございます。

Postkarte (はがき) と schicken (送る) という語が使われていることから，会話が郵便に関するものであることが推測できます。正解は選択肢 **1** です。Brief (手紙)，Briefmarke (切手)，Paket (小包) など，郵便局で使われる他の語も合わせて覚えておきましょう。［正解率 98.53%］

◇この問題は 9 点満点 (配点 3 点×3) で，平均点は 8.74 点でした。

5 ここがポイント！

＊テキスト全体を読み，キーワードを探し出そう。
＊鍵となる語彙や表現を手がかりに，会話の場所や場面を推測しよう！
＊よく使われる語彙や表現を場面ごとに整理しよう！

6 初歩の会話表現

正解 (**A**) **3**　(**B**) **2**　(**C**) **2**　(**D**) **3**

短い会話文を読み，日本語で記されている内容に対応するドイツ語表現を選ぶ問題です。基本的な会話表現を覚えておく必要があります。

内容：
マックス：(**A** 今晩レストランに行かない？)
ザビーネ：いい考えね！（**B** 何を食べたいの？)
マックス：ステーキだ！ ステーキハウス「テキサス」へ行かない？
ザビーネ：ああ，映画館の隣にあるお店でしょ？
マックス：うん，そう。あのステーキハウスはすごくいいよ。
ザビーネ：(**C** でもあそこは高いよね？)
マックス：確かに，そのとおり。(**D** だったら家でスパゲッティを作るよ。)

(**A**) 三つの選択肢は，Gehen wir ... ins Restaurant? (レストランへ行かない？) の部分が共通し，時を表す部分だけが異なっています。選択肢 **1** は「明日の夕方」，選択肢 **2** は「今日の午後」，選択肢 **3** は「今日の夕方」という意味です。マックスはザビーネに「今晩」と言っているので，選択肢 **3** が正解です。[正解率 90.34%]

(**B**) 三つの選択肢は，Was möchtest du ... ? (きみは何を…したいの？) の部分が共通し，話法の助動詞と結びつく文末の不定詞だけが異なっています。選択肢 **1** は「料理する」，選択肢 **2** は「食べる」，選択肢 **3** は「飲む」という意味です。マックスの答えが「ステーキだ！」なので，選択肢 **2** が正解です。[正解率 99.37%]

(**C**) 三つの選択肢は，Aber dort ist es auch sehr ... (でもあそこは…でもある) の部分が共通し，文末の形容詞だけが異なっています。選択肢 **1** は「(背が) 高い」，選択肢 **2** は「(値段が) 高い」，選択肢 **3** は「美しい」という意味です。ザビーネは「料金が高い」と言っているので，選択肢 **2** が正解です。選択肢 **1** を選んだ解答が 20.8% ありました [正解率 76.26%]

(**D**) 三つの選択肢は，Dann ... ich zu Hause Spagetti. (それならぼくは家でスパゲッティを…する) の部分が共通し，動詞だけが異なっています。選択肢 **1** は「食べる」，選択肢 **2** は「(オーブンで) 焼く」，選択肢 **3** は「作る」という意味です。マックスは「スパゲッティを作る」と言っているので，選択肢 **3** が正解です。選択肢 **2** を選んだ解答が 12.61% ありました。[正解率 85.92%]

◇この問題は 12 点満点 (配点 3 点×4) で，平均点は 10.56 点でした。

6 ここがポイント！

＊テキスト全体から，重要な情報を正確に読み取ろう！
＊日本語訳では同じ意味の動詞や形容詞も細かい意味の違いに注意しよう！

7 短いテキストの内容把握

正 解 **2**，**4**（順序は問いません）

短いテキストを読み，要点を理解できるかどうかを問う問題です。テキストの流れに沿って，語られていることの全体を的確に把握する力が求められます。

内容：
私の名前はペーターです。犬を 1 匹飼っています。マックスという名前で 3 歳です。リンゴを好んで食べます。私たちは毎日散歩に行きます。ときどき公園で遊びます。その公園は広くて，マックスはそこでたくさん走ります。でも家では寝ていることが多いです。

選択肢 **1** は，第 1 文から第 3 文でペーターという人物がマックスという犬を飼っていることがわかりますから，不正解です（犬を飼っているのは，マックスではなく，ペーターです）。選択肢 **2** は，問題文 2 行目にある第 5 文の内容そのものですから正解です。［正解率 91.18%］選択肢 **3** の内容に相当する情報は，本文中にはありません。したがって選択肢 **3** は不正解です。選択肢 **4** は，本文中の最後の文の内容そのものです。この文の主語である er が，直前の文のマックスを指していることに注意しましょう。「在宅」を意味する zu Hause という表現も覚えておきましょう。選択肢 **4** は正解です。［正解率 82.98%］したがって，この問題の正解は選択肢 **2** と選択肢 **4** です。なお，選択肢 **1** を選んだ解答が 9.03%，選択肢 **3** を選んだ解答が 16.81% ありました。

◇この問題は 6 点満点（配点 3 点×2）で，平均点は 5.22 点でした。

7 ここがポイント！

＊テキスト全体から，重要な情報を正確に読み取ろう！
＊誰が何をしているのか，うっかり勘違いしないように，主語と動詞に注意しよう！

8 重要情報の読み取り

正 解 **1**，**3**，**8**（順序は問いません）

ドイツ語の文字情報を手がかりにして要点を把握する問題です。広告や掲示，パンフレットなどの場合，情報は文形式で提示されるとは限らず，キーワードだけで簡潔に表されることが多くあります。そうした場合にも，与えられた情報を手がかりにしながら，的確に内容を把握する力が求められます。問題では，女子大学生が出した家庭教師（Hauslehrerin）の広告が題材として取り上げられています。

内容：

> きみたちは家庭教師が必要ですか？
>
> こんにちは。私はアンゲラです。
> きみたちは宿題の際に助けが必要ではありませんか？ あるいは，きみたちはテストのために勉強していますか？
> 私が男子生徒および女子生徒の皆さん（1 年生から 13 年生まで）を喜んでお手伝いします。
>
> 誰が？： アンゲラ・リヒター，大学生（法学）
> 年齢は？： 23 歳
> 何を？： 英語，フランス語，数学，化学
> いつ？： 月曜日，火曜日，水曜日，木曜日 （午後のみ，14 時以降）
> どこ？： ミュンヘン
> オンラインは？： 否
>
> 料金（45 分につき）： 15 ユーロから 18 ユーロ
>
> 連絡先： 電話 0172 XXXX 電子メール angelar@poodlemail.com

「きみたちは家庭教師が必要ですか？」という問いかけが冒頭に太字で表記されており，これが家庭教師の広告であることがわかります。以下，選択肢 **1** から選択肢 **8** まで順に確認していきます。Wer?（誰が？）の項目を見ると，広告主であ

るアンゲラの名前に続き，Studentin (Jura) (大学生［法学］) と記されています。したがって，選択肢 **1** は正解です。［正解率 76.89%］アンゲラが教える対象については，広告の上部に「男子生徒および女子生徒の皆さん (1 年生から 13 年生まで)」(Schülern und Schülerinnen ［1.-13. Klasse］) を喜んでお手伝いすると書かれています。したがって，選択肢 **2** は不正解です。アンゲラの年齢が記されているのは，Wie alt? (年齢は？) の部分です。23 Jahre alt は「23 歳」という意味ですので，選択肢 **3** は正解です。［正解率 99.58%］アンゲラが家庭教師として教えることのできる科目は，Was? (何を？) の部分に記されており，「英語，フランス語」(Englisch, Französisch) の他にも「数学，化学」(Mathematik, Chemie) が挙げられています。したがって，選択肢 **4** は不正解です。家庭教師をする曜日については，Wann? (いつ？) の部分に記されています。曜日は「月，火，水，木」(Montag, Dienstag, Mittwoch, Donnerstag) ですから，週末は含まれておらず，したがって選択肢 **5** は不正解です。また，家庭教師の時間帯については，同じく Wann? (いつ？) のカッコ内に「午後のみ，14 時以降」(nur nachmittags, ab 14 Uhr) と記されています。特に「15 時から 18 時まで」の時間帯に限定されているわけではありませんので，選択肢 **6** は不正解です。ちなみに，広告中に記されている 15 と 18 という数字は，通貨単位ユーロのマーク「€」がついていることから予想できるように，家庭教師の料金 (Preis) を示すものです。ここには 45 分 (45 Min.) につき 15 ユーロから 18 ユーロという料金が提示されています。オンラインでの授業に関しては，Online? (オンラインは？) の部分に「否」(Nein) と記されていますので，選択肢 **7** は不正解です。アンゲラの連絡手段については，広告文の最下段 Kontakt (連絡先) を見ます。ここには電話番号と電子メールのアドレスが記されているため，選択肢 **8** は正解です。［正解率 98.74%］

◇この問題は 9 点満点 (配点 3 点×3) で，平均点は 8.25 点でした。

8 ここがポイント！

＊広告やパンフレットなどの場合，知らない単語が含まれていることも多いが，知っている語句や表記を手がかりにして要点を抜き出していこう！
＊曜日，時間，料金などに関する表現を覚えよう！
＊ wer (誰が)，wann (いつ)，was (何を) などの疑問詞は，日常的にも非常によく使われるものなので，必ず覚えておこう！

【聞き取り試験】

第1部 短い文章の聞き取りと数字，単語の書き取り

正 解 (**1**) **3** (**2**) **4** (**3**) **2** (**4**) **2** (**5**) **trinke**

放送された短いテキストを聞き取り，その内容を表すのに最も適した絵を選ぶ問題，および，放送されたテキストに含まれる数字や単語を書き取る問題です。問題 (**1**) から問題 (**3**) ではキーワードを，問題 (**4**) では数字を，問題 (**5**) では動詞を聞き取ることが求められます。

放 送 問題 (**1**): Der Ring ist zu teuer. Ich kaufe Maria eine Tasche.

内容: その指輪は高価すぎる。私はマリアにバッグを一つ買う。

私がマリアに買ったものを選ぶ問題です。選択肢 **1** は eine Tasse「カップ」，選択肢 **2** は eine Uhr「時計」，選択肢 **3** は eine Tasche「バッグ」，選択肢 **4** は ein Buch「本」です。放送されたテキストでは eine Tasche と言っているので，選択肢 **3** が正解です。[正解率 85.08%]

放 送 問題 (**2**): Ich habe kein Auto. Ich fahre mit dem Bus nach Berlin.

内容: 私は車を持っていない。私はバスでベルリンへ行く。

私がベルリンへ行くのに用いた交通手段を選ぶ問題です。選択肢 **1** は mit dem Flugzeug「飛行機で」，選択肢 **2** は mit dem Fahrrad「自転車で」，選択肢 **3** は mit dem Zug「列車で」，選択肢 **4** は mit dem Bus「バスで」です。放送されたテキストでは mit dem Bus と言っているので，選択肢 **4** が正解です。[正解率 90.57%]

放 送 問題 (**3**): Die Sonne scheint. Es ist heiß.

内容: 太陽が照っている。暑い。

天気と気温を選ぶ問題です。選択肢 **1** は Es ist bewölkt. Es ist kalt. (曇っている。寒い。)，選択肢 **2** は Die Sonne scheint. Es ist heiß. (太陽が照っている。暑い。)，選択肢 **3** は Es regnet. Es ist kalt. (雨が降っている。寒い。)，選択肢 **4** は Es schneit. Es ist kalt. (雪が降っている。寒い。) です。したがって，選択肢 **2** が正解です。[正解率 99.16%]

放 送 問題 (**4**): Michael, holst du bitte zwei Flaschen Wein aus dem

Keller?

内容：ミヒャエル，地下室からワインを2本持ってきてくれる？

数字を書き取る問題です。「解答の手引き」には Michael, holst du bitte □ Flaschen Wein aus dem Keller? と記載されています。空欄□には1桁の数字を記入する必要があります。放送されたテキストでは zwei (2) と言っているので，正解は **2** です。［正解率 99.58%］

［放 送］ 問題 (**5**)： Ich habe Durst. Ich trinke Wasser.

内容：私は喉がかわいています。私は水を飲みます。

動詞を書き取る問題です。「解答の手引き」には Ich habe Durst. Ich ＿＿＿ Wasser. と記載されています。下線部には意味的に trinken（飲む）という動詞が必要です。主語が ich なので，語幹 trink- に ich の人称語尾 -e を付けた **trinke** が正解です。なお解答には，人称変化の誤り（trinken, trinkt など）やスペルミス（drinke, tlinke など）が見られました［正解率 88.13%］

◇この問題は 17 点満点（問題 **1** から問題 **3** まで配点 3 点×3，問題 **4** から問題 **5** まで配点 4 点×2）で，平均点は 15.76 点でした。

第1部 ここがポイント！

＊キーワードや数，単語を正確に聞き取ろう！

＊絵や文字などの視覚情報は，聞き取りの手助けになるため，積極的に活用しよう！

第2部 テキストの重要情報の聞き取り

［正 解］ (**6**) **2**　(**7**) **1**　(**8**) **2**

放送されるドイツ語のテキストを聞き，その内容に関する質問に答える問題です。質問もドイツ語で放送されます。

［放 送］

Ich habe einen Sohn. Er heißt Felix. Er ist 15 (fünfzehn) Jahre alt und geht aufs Gymnasium. Er ist gut in Mathe. Er sieht gern Filme und geht oft mit den Freunden ins Kino. Er isst gern Fleisch, aber Fisch isst er gar nicht.

内容:
私には息子が一人います。フェリックスという名前です。彼は 15 歳で，ギムナジウムに通っています。数学が得意です。彼は映画を見るのが好きで，よく友人たちと映画に行きます。彼は肉が好きですが，魚はまったく食べません。

放 送　問題 **6**: Wie alt ist Felix?
質問は「フェリックスは何歳ですか？」という意味です。テキストでは，フェリックスが「15 歳」(fünfzehn Jahre alt) であると述べられています。したがって，正解は選択肢 **2** の 15 です。[正解率 95.59%]

放 送　問題 **7**: Was macht Felix gern?
質問は「フェリックスは何をするのが好きですか？」という意味です。テキストでは，フェリックスが「映画」(Filme) を見るのが好きで，よく友人たちと映画に行くと述べられています。したがって，正解は選択肢 **1** の Filme sehen です。なお，選択肢 **2** の Fußball spielen は「サッカーをする」，選択肢 **3** の Rad fahren は「サイクリングをする」という意味です。[正解率 97.48%]

放 送　問題 **8**: Was isst Felix gern?
質問は「フェリックスは何を食べるのが好きですか？」という意味です。テキストの最後で，フェリックスが「肉」(Fleisch) は好きだが，「魚」(Fisch) はまったく食べないと述べられています。したがって，正解は選択肢 **2** の Fleisch です。なお，選択肢 **1** の Fisch は「魚」，選択肢 **3** の Gemüse は「野菜」という意味です。選択肢 **1** を選んだ解答が 14.50% ありました。[正解率 84.03%]

◇この問題は 9 点満点 (配点 3 点×3) で，平均点は 8.31 点でした。

第 2 部　ここがポイント！

＊wie (どのくらい，どのように) や wie alt (何歳)，was (何が，何を) などの疑問詞や疑問詞を使った表現をしっかり覚えよう！
＊ins Kino gehen (映画に行く)，Fußball spielen (サッカーをする) などの表現はまとまった単位として覚えよう！

第 3 部　会話の場面理解

正 解　**(9)　3**　**(10)　1**　**(11)　2**

放送された三つの短い会話を聞き，それぞれの会話の状況を把握する問題です。聞き取りの際には，キーワードを的確に理解し，全体としてどのようなことが述べられているのかを大まかにつかむことが重要です。

放送　問題 **9**

A: Möchtest du etwas trinken?
B: Ja, ich hätte gern Kaffee.
A: Gut. Dann koche ich jetzt Kaffee.
内容：
A: 何か飲む？
B: そうね，コーヒーが飲みたいわ。
A: 了解。じゃあ今コーヒーをいれるね。

男性 (**A**) が女性 (**B**) に möchte と trinken を使って「何か飲みたいか」尋ねています。その後，女性が「コーヒー (Kaffee) をいただきたい」と答えていること，さらに男性が,「コーヒーをいれる (kochen)」と言っていることから，飲み物が話題にされていることがわかります。正解は選択肢 **3** です。[正解率 100.00%]

放送　問題 **10**

A: Was machst du am Sonntag?
B: Ich besuche meine Großeltern in Weimar.
A: Schön. Viel Spaß!
内容：
A: 日曜日は何するの？
B: ワイマールの祖父母を訪ねるよ。
A: そう。楽しんできてね。

最初に女性 (**A**) が「日曜日 (Sonntag) に何をするか」尋ねているのに対し，男性 (**B**) が「ワイマールにいる祖父母を訪ねる」と答えています。「日曜日の予定」が話題になっていることがわかります。正解は選択肢 **1** です。Viel Spaß! は「楽しんできて」という決まり文句です。[正解率 95.17%]

放送　問題 **11**

A: Morgen gehe ich einkaufen. Kommst du mit?
B: Morgen habe ich leider keine Zeit.
A: Schade. Dann gehe ich allein.

内容:

A: 明日は買い物に行くんだ。一緒に来る?

B: せっかくだけど明日は時間がないの。

A: それは残念。じゃあ一人で行くか。

男性 (**A**) は gehen と einkaufen を使って「買い物をしに行く」と言っています。一緒に行くかどうか聞かれた女性 (**B**) は「せっかくだけど (leider) 時間がない (keine Zeit)」と答えています。買い物に誘ったところ, 断られてしまった, という会話になっています。schade は「残念だ」の意味でよく使います。正解は選択肢 **2** です。[正解率 95.17%]

◇この問題は 9 点満点 (配点 3 点×3) で, 平均点は 8.71 点でした。

第3部 ここがポイント!

＊会話の中で重要なキーワードを聞き取ろう!

＊内容が全部わからなくても, 聞き取れる語句を手がかりにテーマを推測しよう!

＊知っている単語を増やして, 聞き取りの力を向上させよう!

2021 年度 冬期 ドイツ語技能検定試験

5 級

筆記試験　問題

（試験時間　40 分）

出題は新しい正書法（単語のつづり方などに関する規則）に従います。解答は新旧いずれの方式でも認めます。

——注　意——

■受験票と机の上の受験番号が同じであることを確認してください。
■携帯電話，スマートフォン，スマートウォッチ等の電子機器類は電源を切り，カバン等にしまってください。机の上に置いてはいけません。
■中途退場は認めません。退場は試験放棄となります。

①問題冊子は試験開始の合図があるまで，開いてはいけません。
②問題冊子は表紙・裏表紙を含めて 8 ページあります。
余白は下書き・メモ用に使ってかまいません。
③試験監督者の指示に従って，解答用紙の所定の欄に，受験番号・氏名を記入してください。
④解答は黒の HB の鉛筆で強めに記入してください。
書き直す場合には，消しゴムできれいに消してから記入してください。
⑤**解答はすべて解答用紙の指定された箇所に記入してください。**
⑥記入する数字は，下記の見本に従って書いてください。

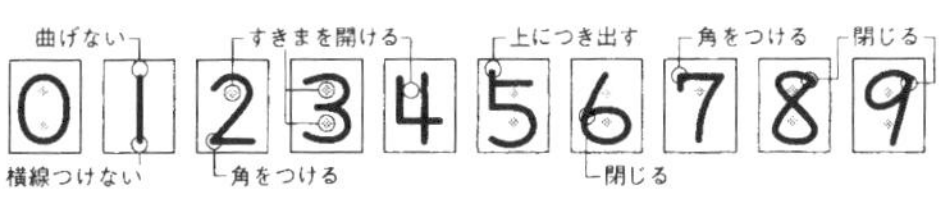

■試験が終わっても，指示があるまで席を立たないでください。
■解答用紙は持ち帰ってはいけません。
■この問題冊子の無断転載，無断複製を禁じます。

1 次の文で空欄（ **a** ）～（ **d** ）の中に入れるのに最も適切な動詞の形を，下の **1** ～ **3** から選び，その番号を解答欄に記入しなさい。

Ich (**a**) Alexandra. Das (**b**) mein Freund Thomas. Er (**c**) in Hannover. Heute (**d**) wir zusammen nach Bremen.

(**a**) **1** heiße **2** heißen **3** heißt
(**b**) **1** bist **2** ist **3** sind
(**c**) **1** wohnen **2** wohnst **3** wohnt
(**d**) **1** fahre **2** fahren **3** fahrt

2 次の (**1**) ～ (**3**) の文で（　）の中に入れるのに最も適切なものを，下の **1** ～ **4** から選び，その番号を解答欄に記入しなさい。

(**1**) Was machen die Kinder? – (　　) spielen Tennis.
1 Er **2** Es **3** Ihr **4** Sie

(**2**) Benjamin ist Student. (　　) Geburtstag ist am 15. November.
1 Dein **2** Ihr **3** Mein **4** Sein

(**3**) (　　) ist mein Handy? – Es ist auf dem Tisch.
1 Wann **2** Was **3** Wie **4** Wo

3

次の (A) ～ (C) に挙げられた単語のうち，意味のグループが他と異なるものを，例にならって，下の 1 ～ 4 から一つだけ選び，その番号を解答欄に記入しなさい。ただし，名詞の性の区別は関係ありません。

例） 1 Brot　2 Buch　3 Ei　4 Eis
2 の Buch（本）だけ食べ物ではないので他と異なります。

(A) 1 Bett　2 Saft　3 Stuhl　4 Tisch
(B) 1 heiß　2 kalt　3 lang　4 warm
(C) 1 Geld　2 Kino　3 Museum　4 Theater

4

次の (1) ～ (4) の条件にあてはまるものが各組に一つあります。それを下の 1 ～ 4 から選び，その番号を解答欄に記入しなさい。

(1) 下線部の発音が他と異なる。
1 Berg　2 gehen　3 Morgen　4 Spiegel

(2) 下線部にアクセント（強勢）がある。
1 Apfel　2 Banane　3 Orange　4 Tomate

(3) 下線部が短く発音される。
1 Blume　2 Durst　3 Fußball　4 Zug

(4) 問い A に対する答え B の下線の語のうち，通常最も強調して発音される。
A: Woher kommt Peter?
B: Er kommt aus Österreich.

1 Er　2 kommt　3 aus　4 Österreich

5 (A) ~ (C) の会話の場面として最も適切なものを，下の **1** ~ **4** から選び，その番号を解答欄に記入しなさい。

(A) **A**: Was möchten Sie?
B: Fünf Brötchen, bitte.
A: Das macht 2 Euro.

(B) **A**: Guten Tag, ich suche einen Wintermantel.
B: Wie finden Sie den Mantel hier?
A: Die Farbe ist nicht schön.

(C) **A**: Eine Fahrkarte nach Wien, bitte.
B: Einfach oder hin und zurück?
A: Hin und zurück, bitte.

1 映画館 **2** 駅
3 パン屋 **4** 洋服屋

6

次の Marie と Joachim の会話を完成させるために，日本語になっている箇所 **A** ～ **D** にあてはまる最も適切なドイツ語を下の **1** ～ **3** から選び，その番号を解答欄に記入しなさい。

Marie: Hast du Hunde oder Katzen?
Joachim: Ja, ich habe zwei Hunde.
Marie: (**A** 私，犬たちを見てみたいな。) Hast du ein Foto?
Joachim: (**B** うん，これだよ。)
Marie: Ach, sie sind so süß! Wie heißen sie?
Joachim: Sie heißt Caro und er heißt Zoro. Sie sind Geschwister.
Marie: (**C** 何歳なの？)
Joachim: Caro ist sieben. (**D** ツォロは 5 歳だよ。)

A
1 Ich möchte die Hunde haben.
2 Ich möchte die Hunde kaufen.
3 Ich möchte die Hunde sehen.

B
1 Ja, danke!
2 Ja, hier!
3 Ja, toll!

C
1 Wie alt sind sie?
2 Wie groß sind sie?
3 Wie neu sind sie?

D
1 Zoro ist vier.
2 Zoro ist fünf.
3 Zoro ist acht.

7 以下の文章の内容に合うものを，下の **1** ～ **4** から二つ選び，その番号を解答欄に記入しなさい。ただし，番号の順序は問いません。

Ich bin Luka. Heute machen wir zu Hause ein Konzert. Meine Großeltern und Freunde kommen zum Konzert. Ich spiele Klavier und meine Mutter spielt Geige. Mein Vater ist heute nicht da. Er ist Pianist und spielt in Wien Klavier.

1 ルーカの家では今日コンサートが開かれる。

2 コンサートにはルーカの友人たちと近所の人たちがやってくる。

3 ルーカは今日バイオリンを演奏する。

4 ルーカの父は今日家にいない。

8 以下は，大学生 Luise のスケジュール帳です。内容と一致するものを **1** ～ **8** から三つ選び，その番号を解答欄に記入しなさい。ただし，番号の順序は問いません。

November

15. Mo.
9:00-11:00 Vorlesung (Geschichte)
13:00-15:00 Vorlesung (Literatur)

16. Di.
9:00-12:00 in der Bibliothek lernen
15:00 Termin beim Arzt

17. Mi.
13:00-15:00 Seminar
19:00 Abendessen mit Tim

18. Do.
9:00-11:00 Vorlesung (Mathematik)
13:00-14:00 Sprechstunde (Prof. Bauer)
18:00-20:00 Englischkurs

19. Fr.
9:00-12:00 in der Bibliothek lernen
13:00-15:00 Vorlesung (Kultur)
18:00 Kino mit Julia

20. Sa.
Annas Geburtstag!
20:00 Party bei Anna

21. So.
12:00 Mittagessen mit Tim

Notizen
☐ Geschenk kaufen
☐ Tel. Mama
☐

1 これは 11 月のある週のスケジュールである。

2 ルイーゼは月曜日の午前中に図書館で勉強する。

3 ルイーゼは火曜日の午後に医者の予約がある。

4 ルイーゼはこの週に 2 回，英語のレッスンを受ける。

5 ルイーゼはこの週に 2 回，ティムと食事の約束がある。

6 ルイーゼは木曜日の夜にユーリアと夕食の約束がある。

7 ルイーゼはこの週，誕生日を迎える。

8 ルイーゼはこの週，3 つの講義に参加する。

5級

2021年度 冬期 ドイツ語技能検定試験

筆記試験 解答用紙

受験番号	氏名

手書き数字見本

曲げない　すきまを開ける　上につき出す　角をつける　閉じる

0 1 2 3 4 5 6 7 8 9

横線つけない　角をつける　閉じる

1

(a)		(b)		(c)		(d)	

2

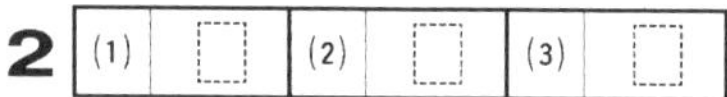

(1)　(2)　(3)

3

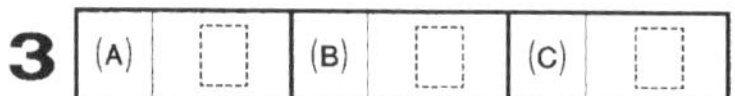

(A)　(B)　(C)

4

(1)　(2)　(3)　(4)

5

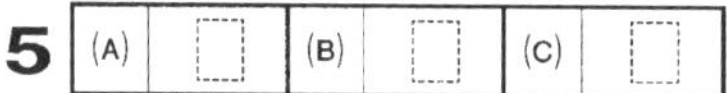

(A)　(B)　(C)

6

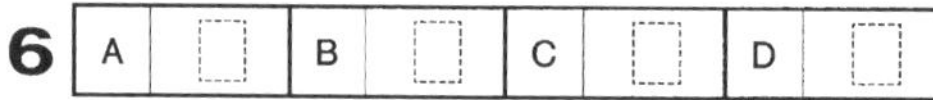

A　B　C　D

7

8

05

2021年度 冬期 ドイツ語技能検定試験

5級

聞き取り試験　解答の手引き

（試験時間　約20分）

出題は新しい正書法（単語のつづり方などに関する規則）に従います。解答は新旧いずれの方式でも認めます。

——注　意——

■受験票と机の上の受験番号が同じであることを確認してください。

■携帯電話，スマートフォン，スマートウォッチ等の電子機器類は電源を切り，カバン等にしまってください。机の上に置いてはいけません。

■中途退場は認めません。

①指示があるまでページを開いてはいけません。

②聞き取り試験は3部から成り立っています。

③試験監督者の指示に従って，解答用紙の所定の欄に，受験番号・氏名を記入してください。

④放送の指示でページを開き，解答のしかたをよく読んでください。解答のしかたと選択肢などが，2〜3ページに示されています。

⑤解答は黒のHBの鉛筆で強めに記入してください。
書き直す場合には，消しゴムできれいに消してから記入してください。

⑥解答はすべて試験時間内に解答用紙の指定された箇所に記入してください。

⑦記入する数字は，下記の見本に従って書いてください。

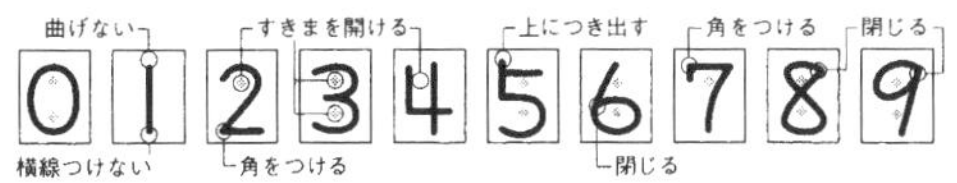

⑧アルファベットは大文字と小文字の判別ができるようにはっきりと書いてください。

■試験が終わっても，指示があるまで席を立たないでください。

■解答用紙は持ち帰ってはいけません。

■この問題冊子の無断転載，無断複製を禁じます。

06

第 1 部　Erster Teil

1. 第 1 部は，問題 (**1**) から (**5**) まであります。
2. まずドイツ語の短い文章を 2 回放送します。
3. それを聞いて，その文章の内容を最も適切に表している絵をそれぞれ **1** ～ **4** から一つ選び，その番号を解答用紙の所定の欄に記入してください。
4. 以下，同じ要領で問題 (**2**)，(**3**) と進みます。
5. 次に，問題 (**4**) では数字を聞き取り，その答えを算用数字で解答用紙の所定の欄に記入してください。
6. 次に，問題 (**5**) では動詞を聞き取り，その答えを解答用紙の所定の欄に記入してください。
7. 最後に，問題 (**1**) から (**5**) までをもう一度通して放送します。
8. メモは自由にとってかまいません。

(**1**)

(**2**)

(**3**)

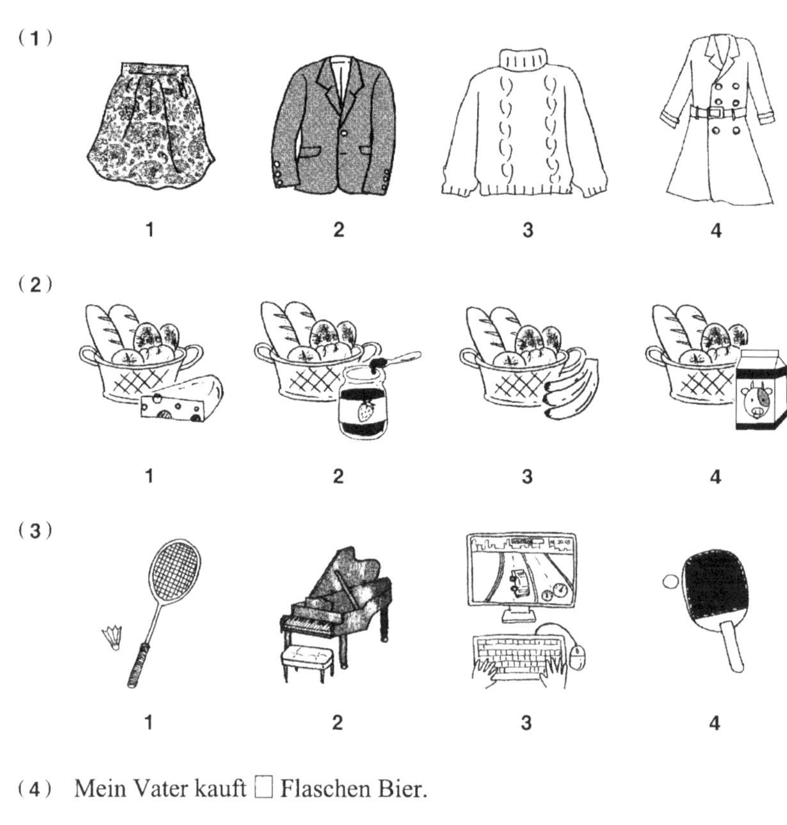

(**4**) Mein Vater kauft □ Flaschen Bier.

(**5**) Frau Wagner ____________ schon lange in Bremen.

07

第 2 部　Zweiter Teil

1. 第 2 部は，問題（**6**）から（**8**）まであります。
2. まずドイツ語の短い文章を放送します。次にその文章についての質問として，問題（**6**）～（**8**）を放送します。
3. それを聞いた上で，それぞれの問いの選択肢 **1** ～ **3** から質問の答えとして最も適したものを選び，その番号を解答用紙の所定の欄に記入してください。
4. 文章と質問は，合計 3 回放送します。
5. メモは自由にとってかまいません。

（**6**）　**1**　Fußball.　　**2**　Tennis.　　**3**　Volleyball.

（**7**）　**1**　Aus Italien.　　**2**　Aus Österreich.　　**3**　Aus Spanien.

（**8**）　**1**　Pizza.　　**2**　Schnitzel.　　**3**　Spaghetti.

08

第 3 部　Dritter Teil

1. 第 3 部は，問題（**9**）から（**11**）まであります。
2. まずドイツ語の短い会話を続けて 2 回放送します。それを聞いて，その会話の状況として最も適したものを，下の **1** ～ **3** から選び，その番号を解答用紙の所定の欄に記入してください。
3. 以下，同じ要領で問題（**11**）まで順次進みます。
4. 最後に，問題（**9**）から（**11**）までをもう一度通して放送します。そのあと，およそ 1 分後に試験終了のアナウンスがあります。試験監督者が解答用紙を集め終わるまで席を離れないでください。
5. メモは自由にとってかまいません。

1　読んでいる本について話している。

2　映画を見に行く予定について話している。

3　何を食べるかについて話している。

（**9**）

（**10**）

（**11**）

5級　2021年度 冬期 ドイツ語技能検定試験

聞き取り試験 解答用紙

受験番号	氏　　名

手書き数字見本
曲げない　すきまを開ける　上につき出す　角をつける　閉じる
0 1 2 3 4 5 6 7 8 9
横線つけない　角をつける　閉じる

【第 1 部】

(1)		(2)		(3)	

(4)	Mein Vater kauft ☐ Flaschen Bier.

(5)	Frau Wagner ______________ schon lange in Bremen.

採点欄

【第 2 部】

(6)		(7)		(8)	

【第 3 部】

(9)		(10)		(11)	

冬期《5級》　ヒントと正解

【筆記試験】

1 動詞の現在人称変化

正解　(a) 1　(b) 2　(c) 3　(d) 2

動詞の現在人称変化に関する問題です。動詞は原則として「語幹」部分と「語尾」部分からできています。語尾は主語の「人称」と「数」，そして「時制」によって決まります。問題では，主語に一致する動詞の現在人称変化形を選ぶことが求められています。動詞には，規則的に変化するものだけでなく，不規則に変化するものもあります。一つ一つ確実に覚えていきましょう。問題文は「私はアレクサンドラといいます。こちらは私のボーイフレンドのトーマスです。彼はハノーファーで働いています。今日私たちは一緒にブレーメンへ行きます」という意味です。

(a) heißen (〜という名前である) の現在人称変化形を問う問題です。heißen は語幹が ß で終わるため，人称変化の際，語尾のつけ方に注意が必要です。単数の場合は ich heiße, du heißt, er / sie / es heißt と変化します。主語が親称 2 人称単数 du のときに，通常の語尾 -st から s を落とした -t という語尾をつけ，3 人称単数形と同じ形になることに注意しましょう。問題文の主語は ich であることから，heißen も 1 人称単数形にする必要があります。したがって，正解は選択肢 **1** です。［正解率 99.51%］

(b) 重要な動詞 sein (〜である) の現在人称変化形を問う問題です。sein は主語に応じて変化形が大きく異なる不規則動詞です。主語が単数の場合は ich bin, du bist, er / sie / es ist, 複数の場合は wir sind, ihr seid, sie sind, 敬称 2 人称の場合は Sie sind のように変化します。問題文の主語 das は，人や事物を指して「これは，これらは」という意味を表す指示代名詞です。中性名詞につけられる定冠詞 das とは異なりますので注意しましょう。指示代名詞 das は，指しているものの性・数に関係なく使います。このとき動詞 sein は 3 人称の形を取り，指しているものが単数であれば ist，複数であれば sind となります。例えば，Das ist mein Hund. (これは私の犬です。) / Das sind meine Hunde. (これらは私の犬たちです。）のように使います。問題文では「私のボーイフレンドのトーマス」と単数の人を指しています。したがって，正解は選択肢 **2** です。［正解率 96.57%］

（**c**）wohnen（住んでいる）の現在人称変化形を問う問題です。wohnen は規則変化動詞であり，問題文の主語 er は 3 人称単数の人称代名詞であることから，語尾は -t で終わっている必要があります。したがって，正解は選択肢 **3** です。［正解率 95.34%］

（**d**）fahren（［乗り物で］行く）の現在人称変化形を問う問題です。問題文では heute（今日，きょう）という時を表す副詞が文頭に置かれていますが，これは主語ではありません。主語は空欄の直後に置かれた wir です。fahren は不規則変化動詞であり，主語が単数の場合は ich fahre，du fährst，er / sie / es fährt と変化します。主語が親称 2 人称単数と 3 人称単数のとき，語幹の母音が変化するので注意しましょう。主語が複数の場合は，語幹の母音は変化しません。問題文では主語が 1 人称複数 wir であるため，語尾 -en で終わっている必要があります。正解は選択肢 **2** です。［正解率 93.87%］

◇この問題は 12 点満点（配点 3 点×4）で，平均点は 11.56 点でした。

1 ここがポイント！

＊規則的に変化する動詞の人称語尾を確実に身につけよう！
＊文頭に置かれているものが必ずしも主語であるとは限らない。主語にあたるものをしっかりと見極め，動詞の形を判断しよう！
＊sein，haben，werden など，特に不規則な変化をする最重要動詞については，一つ一つの変化形を確実に覚えよう！

2 冠詞・疑問詞・代名詞

正解　（**1**）**4**　（**2**）**4**　（**3**）**4**

適切な冠詞，疑問詞，代名詞を選ぶ問題です。冠詞と代名詞に関しては，それに関連づけられる名詞と性・数を一致させる必要があります。なお，いずれの問題文も空欄が文頭にあたることから，選択肢はすべて語頭が大文字で表記されています。

（**1**）人称代名詞に関する問題です。前半部は「その子どもたちは何をしていますか？」という意味です。この質問に対する応答文では，定動詞として spielen が使われていることから，この文の主語は 1 人称複数 wir，3 人称複数 sie，もしくは 2 人称敬称 Sie であることが予想できます。応答文は「(　)はテニスをしています」という意味です。以上のことから，応答文の主語は「子どもたち」を指す 3 人称複数であると判断できます。したがって，正解は選択肢 **4** です。[正解率 83.58%]

(**2**) 所有冠詞に関する問題です。第 1 文は「ベンヤミンは学生です」という意味です。Student (学生) が男性名詞であることから，Benjamin が男性の名前であることがわかります。また，選択肢の語がすべて所有冠詞であることから，第 2 文は「(　) の誕生日は 11 月 15 日です」という意味になることが推測できます。以上のことから，空欄には第 1 文の Benjamin を指す所有冠詞 sein が入ると判断できます。したがって，正解は選択肢 **4** です。なお，選択肢 **2** を選んだ解答が 18.87% ありました。[正解率 62.75%]

(**3**) 疑問詞に関する問題です。選択肢 **1** の wann は「いつ」，選択肢 **2** の was は「何が，何を」，選択肢 **3** の wie は「どのように，どのような」，選択肢 **4** の wo は「どこ」という意味です。前半部の答えにあたる後半部は「それは机の上にあります」という意味であることから，前半部が場所を問う疑問文であることが推測できます。前半部は「私の携帯電話はどこにありますか？」という意味です。したがって，正解は選択肢 **4** です。[正解率 82.84%]

◇この問題は 9 点満点 (配点 3 点×3) で，平均点は 6.87 点でした。

2 ここがポイント！ / 解説のまとめ

＊指している名詞の性・数を確認し，適切に人称代名詞を用いるようにしよう！

＊指している名詞の性・数に応じて所有冠詞を適切に使い分けるように注意しよう！

＊主要な疑問詞の意味を覚え，正しく使い分けられるようにしよう！

3 語彙 (意味のグループが他と異なる語の選択)

正 解　(**A**) **2**　(**B**) **3**　(**C**) **1**

四つの語の中から，意味のグループが他と異なるものを選ぶ問題です。語彙力が試されます。

(**A**) 選択肢 **1** は「ベッド」，選択肢 **2** は「ジュース」，選択肢 **3** は「椅子」，選択肢 **4** は「机」という意味です。この中では，家具でない選択肢 **2** が正解です。身近な家具として他に Regal (棚)，Schrank (戸棚)，Sofa (ソファー) などがあります。[正解率 82.11%]

(**B**) 選択肢 **1** は「熱い，暑い」，選択肢 **2** は「寒い，冷たい」，選択肢 **3** は「長い」，選択肢 **4** は「暖かい，温かい」という意味です。この中では，温度をあらわす形容詞でない選択肢 **3** が正解です。なお，選択肢 **1** を選んだ解答が 32.35% ありました。選択肢 **1** の heiß は動詞 heißen (～という名前である) の語幹または du に対する命令形でもありますが，動詞ととらえると答えが一つに絞れなくなりますので，他の選択肢と同じく形容詞と考え，答えを導き出す必要があります。[正解率 52.21%]

(**C**) 選択肢 **1** は「お金」，選択肢 **2** は「映画館」，選択肢 **3** は「博物館」，選択肢 **4** は「劇場」という意味です。この中では，施設名でない選択肢 **1** が正解です。なお，選択肢の単語はすべて中性名詞です。[正解率 93.38%]

◇この問題は 9 点満点 (配点 3 点×3) で，平均点は 6.83 点でした。

3 ここがポイント！

＊単語は，家具，施設，食べ物といったグループごとに覚えると効率的！
＊生活の中でよく使われる単語から順に覚えよう！

4 発音とアクセント

正解 (**1**) **1** (**2**) **1** (**3**) **2** (**4**) **4**

発音，アクセントの位置，文中で強調して発音される語に関する問題です。発音の基本的な規則についての知識や，簡単な会話内容を把握する力が必要とされます。

(**1**) 子音字 g の発音に関する問題です。語末や音節末に位置する g は，無声音の [k] で発音され，その他の位置にある g は有声音の [g] で発音されます。選択

肢 **1** の Berg（山）では，g は語末にあるため無声音の［k］で発音されます。一方，選択肢 **2** の gehen（行く）では g は語頭に，選択肢 **3** の Morgen（朝）と選択肢 **4** の Spiegel（鏡）では語中に位置するため，g は有声音の［g］で発音されます。したがって，正解は選択肢 **1** です。［正解率 96.57%］

（**2**）アクセントの位置に関する問題です。ドイツ語では原則として，語の最初の音節の母音にアクセントが置かれます。ただし，多くの外国語由来の語や語頭が非分離前つづり（be-，ge-，ver- など）である場合は，最初の音節にアクセントを置きません。選択肢 **1** の Apfel（リンゴ）は A，選択肢 **2** の Banane（バナナ）は第 2 音節の a，選択肢 **3** の Orange（オレンジ）は a，そして選択肢 **4** の Tomate（トマト）は a にアクセントが置かれます。したがって，正解は選択肢 **1** です。果物や野菜の名称には，外国語に由来するものが多くあります。選択肢 **1** の Apfel のみがゲルマン語に由来するもともとドイツ語の語であり，最初の音節の母音である A にアクセントが置かれます。［正解率 79.17%］

（**3**）母音の長短に関する問題です。ドイツ語では原則として，アクセントのある母音に続く子音字が一つの場合，その母音は長く発音されます。二つ以上の子音字が続くときは短く発音されます。選択肢の語はいずれも，下線部の母音にアクセントが置かれます。選択肢 **1** の Blume（花）と選択肢 **4** の Zug（列車）では，アクセントのある母音 u に続く子音字が一つであり，原則にしたがって下線部の u は長く発音されます。選択肢 **2** の Durst（のどの渇き）はアクセントのある母音 u に続く子音字が二つであり，原則通りに下線部の u は短く発音されます。選択肢 **3** の Fußball（サッカー）は，Fuß（足）と Ball（ボール）という語が合わさっている合成語です。したがって，この場合は Fuß の発音を考えます。そうすると，アクセントのある母音 u に続く子音字は ß 一つであり，u は長く発音されます。したがって，正解は選択肢 **2** です。選択肢 **3** の Fußball を選んだ解答が 30.39% ありましたが，ß の前の母音は長く，ss の前の母音は短く読むという規則も確認しましょう。［正解率 58.58%］

（**4**）文の中で最も強調して発音される語を問う問題です。基本的に，文中で最も重要な情報を提供する語が強調して発音されます。**A** は「ペーターはどこの出身ですか？」と尋ねています。それに対して **B** は「彼はオーストリア出身です」と答えています。**A** の woher（どこから）を含む出身地に関する質問に対して，**B** の回答の中で最も重要な情報は地名であることから，選択肢 **4** の Österreich が最も強調して発音されます。したがって，正解は選択肢 **4** です。［正解率 94.85%］

◇この問題は 12 点満点（配点 3 点×4）で，平均点は 9.87 点でした。

4 ここがポイント！

＊子音字 b，d，g は，語末や音節末にある場合は無声音［p］，［t］，［k］で発音され，それ以外の位置にある場合は有声音［b］，［d］，［g］で発音されることに気をつけよう！

＊アクセントは語の最初の音節に置かれるのが原則であるが，外国語に由来する語の多くや非分離前つづりで始まる語などは最初の音節にアクセントが置かれない。原則とともに，例外も覚えよう！

＊母音の長短は，後に続く子音字が一つか，二つ以上かで見極めよう！

＊会話文では質問の内容などに注意し，答える際には伝えたい情報を強調して読むようにしよう！

5 会話の場面理解

正解 （A） 3　（B） 4　（C） 2

短い会話を読み，適切な場所や場面を選ぶ問題です。さまざまな表現を手がかりとした上で，会話の状況を総合的に判断する力が求められます。

（A） 会話の内容は次の通りです。

A: 何にいたしましょうか？

B: ブレートヒェンを 5 個お願いします。

A: 代金は 2 ユーロになります。

冒頭の **A** の問いかけ Was möchten Sie? は，「何にいたしましょうか？」という意味で，店員が客に対してかける言葉として典型的なものです。そこで，客である **B** が Brötchen（ブレートヒェン，小型のパンのこと）という語を使用していることや，**A** が最後に代金について話していることから，パン屋の店頭で交わされた会話であることがわかります。したがって，正解は選択肢 **3** です。動詞 machen には「（ある数字や金額に）なる」という意味があり，Das macht ... の形で，代金について話すときによく使われます。［正解率 94.36%］

（B） 会話の内容は次の通りです。

A: こんにちは。冬のコートを探しています。

B: こちらのこのコートはいかがですか？

A: 色がよくありませんね。

A と **B** がともに Mantel（コート）という語を使用しているため，この会話が衣服に関するものであることがわかります。さらに，**A** がコートを探していると伝えたことに対して **B** が Wie finden Sie den Mantel hier?（こちらのこのコートはいかがですか？）と尋ねています。この動詞 finden は「〜だと思う」という意味で，相手に感想や印象を尋ねるときに使われます。したがって，正解は選択肢 **4** です。［正解率 90.69%］

(**C**) 会話の内容は次の通りです。

A: ウィーン行きの切符を 1 枚，お願いします。

B: 片道切符ですか，往復切符ですか？

A: 往復切符をお願いします。

Fahrkarte（切符）という語が使われていることから，会話が交通に関するものであることがわかります。さらに，einfach（片道）や hin und zurück（往復）という表現も使われていますので，駅で行われている会話だということが推測できます。したがって，正解は選択肢 **2** です。［正解率 87.99%］

◇この問題は 9 点満点（配点 3 点×3）で，平均点は 8.19 点でした。

5 ここがポイント！

＊テキスト全体を読み，キーワードを探し出そう。
＊鍵となる語彙や言い回しを手がかりに，会話の場所や場面を推測しよう！
＊駅や買い物の場面などでよく使われる表現はマスターしておこう！

6 初歩の会話表現

正解 (**A**) **3** (**B**) **2** (**C**) **1** (**D**) **2**

短い会話文を読み，日本語で記されている内容に対応するドイツ語表現を選ぶ問題です。基本的な会話表現や語を覚えておく必要があります。

内容：

マリー： 犬か猫を飼っている？

ヨアヒム：うん，犬を2匹飼っているよ。
マリー：　(**A** 私，犬たちを見てみたいな。) 写真を持っている？
ヨアヒム：(**B** うん，これだよ。)
マリー：　ああ，すごくかわいい！ なんていう名前？
ヨアヒム：こっち (雌) がカーロでこっち (雄) がツォロだよ。彼らは姉弟なんだ。
マリー：　(**C** 何歳なの？)
ヨアヒム：カーロは7歳。(**D** ツォロは5歳だよ。)

(**A**) 三つの選択肢は，Ich möchte die Hunde ... (私，犬たちを…したいな) の部分が共通しており，文末の動詞のみが異なっています。選択肢 **1** の動詞 haben は「～を持っている」，選択肢 **2** の動詞 kaufen は「～を買う」，選択肢 **3** の動詞 sehen は「～を見る」という意味です。したがって，正解は選択肢 **3** です。[正解率 97.30%]

(**B**) 犬の写真を見たがっているマリーに，ヨアヒムが写真を差し出しながら述べる言葉です。三つの選択肢は Ja (うん) の部分が共通しており，後半の語で正解が決定されます。選択肢 **1** の danke は動詞 danken (感謝する) が変化したもので，意味は「ありがとう」です。選択肢 **2** の副詞 hier は「ここに」という意味で，「写真がここにある」ということを述べています。選択肢 **3** の形容詞 toll は「すばらしい」という意味です。したがって，正解は選択肢 **2** です。Ja, hier! は「うん，これだよ」のそのままの訳ではありませんが，「うん，ここにあるよ」という意味であることから，状況を想像することによって正解を導き出すことができます。[正解率 96.08%]

(**C**) 年齢を尋ねる表現が正解です。すべての選択肢が Wie ... sind sie? という文で，疑問詞 wie (どれくらい) と形容詞の原級の組み合わせで「彼らはどのくらい…？」と尋ねています。つまり，形容詞によって意味に違いが生じます。選択肢 **1** の alt (年とった，年齢が～の) は，Wie alt ...? で年齢を尋ねる表現です。選択肢 **2** の groß (大きい) は，Wie groß ...? で大きさあるいは身長を聞く表現として用います。選択肢 **3** の neu (新しい) は，Wie neu ...? で「どれくらい新しい？」と質問しています。したがって，正解は選択肢 **1** です。[正解率 97.30%]

(**D**) ヨアヒムの飼い犬ツォロが5歳であることが述べられています。Zoro ist ... (ツォロは…) は各選択肢で共通していますので，数に関する知識が必要となります。選択肢 **1** の vier は「4」，選択肢 **2** の fünf は「5」，そして選択肢 **3** の acht は「8」を意味しています。したがって，正解は選択肢 **2** です。「～歳」と表す場

合，この問題のように Jahre alt を省略して数のみで表現することもあります。[正解率 96.57%]

◇この問題は 12 点満点（配点 3 点×4）で，平均点は 11.62 点でした。

6 ここがポイント！
＊数字や日常でよく使用される基本的な語彙を覚えよう！
＊日常会話でよく使われる表現を身につけよう！

7 短いテキストの内容把握

正 解　**1**，**4**（順序は問いません）

短いテキストを読み，要点を理解できるかどうかを問う問題です。テキスト中の語句を手がかりに正確な内容を把握する力が求められます。

内容：
　ぼくはルーカです。今日ぼくたちは自宅でコンサートをします。ぼくの祖父母と友だちがコンサートに来ます。ぼくはピアノを弾き，母はバイオリンを弾きます。父は今日いません。彼はピアニストで，ウィーンでピアノを演奏します。

選択肢 **1** は，第 1 ～ 2 文の「ぼくはルーカです。今日ぼくたちは自宅でコンサートをします」という内容と合致しますので正解です。[正解率 96.32%] 選択肢 **2** は，第 3 文の「ぼくの祖父母と友だちがコンサートに来ます」という内容と一部合致しません。友だちが来るという部分は合っていますが，その他に来るのは近所の人たちではなく祖父母ですので不正解です。選択肢 **3** は，第 4 文の「ぼくはピアノを弾き，母はバイオリンを弾きます」という内容と異なるので不正解です。選択肢 **4** は，第 5 文で「父は今日いません」と述べられていることに加え，第 6 文で「彼はピアニストで，ウィーンでピアノを演奏します」と述べられていることから，彼の父が今日ウィーンにいて家にいない，ということがわかりますので正解です。したがって，この問題の正解は選択肢 **1** と選択肢 **4** です。なお，選択肢 **2** を選んだ解答が 10.29%，選択肢 **3** を選んだ解答が 4.41% ありました。[正解率 88.97%]

◇この問題は 6 点満点（配点 3 点×2）で，平均点は 5.56 点でした。

7 ここがポイント！

＊テキスト全体から，重要な情報を正確に読み取ろう！
＊家族や親類などをあらわす単語や楽器などの身近な単語はよく出題されるので重要語彙として覚えておこう！

8 重要情報の読み取り

正解 **1，3，5**（順序は問いません）

ドイツ語の文字情報を手がかりにして要点を把握する問題です。広告や掲示，パンフレット，手帳，メモなどの場合，情報は文形式で提示されるとは限らず，キーワードだけで簡潔に表されることが多くあります。そうした場合にも，与えられた情報を手がかりにしながら，的確に内容を把握する力が求められます。問題では，学生のルイーゼのスケジュール帳が題材として取り上げられています。

内容：

11 月

15（月）
9:00-11:00　講義（歴史）
13:00-15:00　講義（文学）

16（火）
9:00-12:00　図書館で勉強
15:00　医者の予約

17（水）
13:00-15:00　ゼミ
19:00　ティムと夕食

18（木）
9:00-11:00　講義（数学）
13:00-14:00　面談（バウアー教授）
18:00-20:00　英語レッスン

19（金）
9:00-12:00　図書館で勉強
13:00-15:00　講義（文化）
18:00　ユーリアと映画

20（土）
アンナの誕生日！
20:00　アンナのところでパーティー

21（日）
12:00　ティムと昼食

メモ
□プレゼントを買う
□ママに電話
□

選択肢 **1** から選択肢 **8** まで順に確認していきます。問題文ではスケジュール帳の上部に November (11 月) と太字で大きく表記されており，これが 11 月の 15 日から 21 日までの週のスケジュールを記したものであることがわかります。したがって，選択肢 **1** は正解です。[正解率 98.77%] 月曜日 (15 日) のスケジュールでは，午前も午後も講義と記されており，図書館で勉強するという記述はありません。したがって，選択肢 **2** は不正解です。火曜日 (16 日) には，15 時に医者の予約と記されていますので，選択肢 **3** は正解です。[正解率 93.38%] ルイーゼは木曜日 (18 日) の 18 時から 20 時まで英語のレッスンを受けると記されていますが，この週はこれ以外に英語のレッスンに関する記述はありません。したがって，選択肢 **4** は不正解です。ティムとの食事の約束に関し，水曜日 (17 日) の 19 時には夕食，日曜日 (21 日) の 12 時に昼食をそれぞれティムと一緒に取ることが記されています。したがって，選択肢 **5** は正解です。[正解率 96.81%] 一方，ユーリアとの約束は，金曜日 (19 日) の 18 時に一緒に映画へ行くと記されています。曜日が異なる上，夕食の約束ではないため，選択肢 **6** は不正解です。誕生日 (Geburtstag) に関しては，土曜日 (20 日) にアンナの誕生日と記されており，20 時にアンナのところでパーティーがあると記されています。ルイーゼ本人の誕生日ではないので，選択肢 **7** は不正解です。講義 (Vorlesung) に関する記述は，月曜日に歴史 (Geschichte) と文学 (Literatur)，木曜日に数学 (Mathematik)，金曜日に文化 (Kultur) と，合わせて四つ見られます。したがって，選択肢 **8** は不正解です。

◇この問題は 9 点満点 (配点 3 点×3) で，平均点は 8.67 点でした。

8 ここがポイント！

* 月や曜日を覚えよう！ スケジュール帳，広告，パンフレット，列車やバスの運行表などでは，月や曜日の略語が使われることも多いので，これもぜひ覚えていこう！
* ドイツ語では，Abend (晩) ＋Essen (食事) ＝Abendessen (晩ご飯) のように，複数の語が合わさって作られる合成語が多く用いられる。一度分解し，それぞれの語の意味も確認するようにしよう！
* メモ，広告，パンフレットなどの場合，知らない単語が含まれていることも多いが，知っている語句や表記を手がかりにして要点を抜き出していこう！

【聞き取り試験】

第1部 短い文章の聞き取りと数字の書き取り

正解　(1) **2**　(2) **1**　(3) **3**　(4) **6**　(5) **arbeitet**

放送された短いテキストを聞き取り，その内容を表すのに最も適した絵を選ぶ問題，および，放送されたテキストに含まれる数詞や単語を書き取る問題です。問題 (**1**) から (**3**) ではキーワードを，問題 (**4**) では数を，(**5**) では動詞を聞き取ることが求められます。

放送　問題 **1**: Wow! Die Jacke ist wirklich schön.

内容: わあ！ そのジャケットは本当に素敵ですね。

話題になっている服が何かを選ぶ問題です。放送されたテキストでは「そのジャケット (Jacke) は本当に素敵ですね」と言っています。したがって，正解は選択肢 **2** です。選択肢 **1** の「スカート」(Rock) を選択した解答が 11.27%，選択肢 **4** の「コート」(Mantel) を選択した解答が 12.75% ありましたが，それぞれ放送されたテキストの内容に合わないので，不正解です。[正解率 67.65%]

放送　問題 **2**: Zum Frühstück esse ich immer Brot und Käse.

内容: 朝食に私はいつもパンとチーズを食べます。

朝食に何を食べるのかを選ぶ問題です。放送されたテキストでは「パンとチーズを食べる」と言っています。全ての選択肢にパンのイラストが描かれているので，パンと一緒に何を食べるのかを予想しながら聞き分けることがポイントになります。選択肢 **2** の「ジャム」は Marmelade，選択肢 **3** の「バナナ」は Banane，選択肢 **4** の「牛乳」は Milch と言います。[正解率 97.30%]

放送　問題 **3**: Mein Bruder Tobias spielt sehr oft Computerspiele.

内容: 私の兄 (または弟) トビアスはとても頻繁にコンピューターゲームをしている。

この問題では兄 (または弟) が頻繁に行うことを聞き分けて解答することが求められます。正解は，コンピューターゲームをする様子が描かれている選択肢 **3** です。なお，選択肢 **1** の「バドミントンをする」は Federball spielen，選択肢 **2** の「ピアノを弾く」は Klavier spielen，選択肢 **4** の「卓球をする」は Tischtennis spielen といいます。[正解率 99.75%]

放 送　問題 **4**:　Mein Vater kauft sechs Flaschen Bier.

内容:　私の父はビールを 6 本買う。

数を書き取る問題です。「解答の手引き」には Mein Vater kauft □ Flaschen Bier. と記載されています。空欄には 1 桁の数字を記入する必要があります。放送されたテキストでは sechs (6) と言っているので，正解は **6** です。なお，数字の次に続く単語 Flaschen は「瓶」という意味です。［正解率 98.53%］

放 送　問題 **5**:　Frau Wagner arbeitet schon lange in Bremen.

内容:　ワーグナーさんはもうすでに長い間ブレーメンで働いている。

動詞を書き取る問題です。正解は動詞 arbeiten（働く）の変化形 **arbeitet** です。「解答の手引き」には Frau Wagner ______ schon lange in Bremen. と記載されています。主語が Frau Wagner であることから，動詞は 3 人称単数形になると予想されます。arbeiten は，語幹が t で終わる単語なので，主語が 3 人称単数の場合は，口調を整える e を語幹と語尾の間に入れ，arbeitet という形にします。なお，解答の中には語幹のみの arbeit，不定形の arbeiten など人称変化の間違い，r と l を間違えたつづり間違いが見られました。［正解率 66.30%］

◇この問題は 17 点満点（問題 **1** から問題 **3** まで配点 3 点×3，問題 **4** と問題 **5** の配点 4 点×2）で，平均点は 14.53 点でした。

第 1 部　ここがポイント！

＊キーワードや数，単語を正確に聞き取ろう！
＊絵や文字などの視覚情報は，聞き取りの手助けになるため，積極的に活用しよう！
＊特殊な変化をする動詞の人称変化は特に注意して学習しておこう！

第 2 部　テキストの重要情報の聞き取り

正 解　(6)　**2**　　(7)　**1**　　(8)　**3**

放送されるドイツ語のテキストを聞き，その内容に関する質問に答える問題です。質問もドイツ語で放送されます。

放 送

Christian ist Student. Er spielt gern Tennis. Seine Freundin Elena kommt aus Italien. Sie ist auch Studentin. Sie spielt gern Klavier. Christian und Elena gehen heute zusammen ins Restaurant. Sie essen Spaghetti.

内容:

クリスティアンは学生です。彼はテニスをするのが好きです。彼のガールフレンドのエレナはイタリア出身です。彼女もまた学生です。彼女はピアノを弾くのが好きです。クリスティアンとエレナは今日一緒にレストランへ行きます。彼らはスパゲッティを食べます。

放送 問題 **6**: Was spielt Christian gern?

質問は「クリスティアンは何をするのが好きですか?」という意味です。テキストの冒頭で,「彼はテニスをするのが好きです」と述べられています。したがって,正解は選択肢 **2** の Tennis. です。なお,選択肢 **1** の Fußball. は「サッカー」,選択肢 **3** の Volleyball. は「バレーボール」という意味です。ここで用いられている動詞 spielen は「(球技などを)する,(楽器などを)演奏する」という意味があり,英語の動詞 play にほぼ相当します。[正解率 100.00%]

放送 問題 **7**: Woher kommt Elena?

質問は「エレナはどこの出身ですか?」という意味です。テキストでは,「彼のガールフレンドのエレナはイタリア出身です」と述べられています。したがって,正解は選択肢 **1** の Aus Italien. です。なお,選択肢 **2** の Österreich は「オーストリア」,選択肢 **3** の Spanien は「スペイン」という意味です。[正解率 98.77%]

放送 問題 **8**: Was essen Christian und Elena heute?

質問は「クリスティアンとエレナは今日何を食べますか?」という意味です。テキストでは,「クリスティアンとエレナは今日一緒にレストランへ行く」とあり,それに続いて「彼らはスパゲッティを食べます」と述べられています。したがって,正解は選択肢 **3** の Spaghetti. です。なお,選択肢 **1** の Pizza. は「ピザ」,選択肢 **2** の Schnitzel. は「シュニッツェル (薄くたたいた肉に衣をつけて揚げた料理),カツレツ」という意味です。[正解率 99.51%]

◇この問題は 9 点満点 (配点 3 点×9) で,平均点は 8.95 点でした。

第2部 ここがポイント！

＊放送が始まる前に「解答の手引き」に書かれた選択肢に目を通し，何が問われるのかを予想して聞くようにしよう！
＊was（何が，何を）や woher（どこから）などの疑問詞をしっかりと覚えよう！

第3部 会話の場面理解

正解 **(9) 2 (10) 3 (11) 1**

放送された三つの短い会話を聞き，それぞれの会話の状況を把握する問題です。聞き取りの際には，キーワードを的確に理解し，全体としてどのようなことが述べられているのかをつかむことが重要です。

放送 問題 **9**

A: Morgen möchte ich ins Kino gehen. Kommst du auch?
B: Ja, gerne. Wann beginnt der Film?
A: Er beginnt um 18 Uhr.
内容:
A: 明日私は映画を見に行きたいです。きみも来る？
B: うん，喜んで。いつ映画は始まるの？
A: 18 時に始まるよ。

男性（**A**）が女性（**B**）に「明日私は映画を見に行きたいです」と言っています。その後，女性（**B**）が「いつ映画は始まるの？」と尋ね，男性（**A**）が「18 時に始まるよ」と答えていることから，映画を見に行く予定について話題にされていることがわかります。したがって，正解は選択肢 **2** です。［正解率 98.04%］

放送 問題 **10**

A: Ich habe Hunger. Essen wir jetzt etwas?
B: Ja, ich möchte gerne ein Schnitzel essen.
A: Dann gehen wir jetzt ins Restaurant!
内容:
A: 私はお腹が空きました。今何か食べましょうか？
B: そうですね，ぼくはカツレツが食べたいです。

A: じゃあ今からレストランに行きましょう！

女性（**A**）が男性（**B**）に「何か食べましょうか？」と尋ねます。その後，男性（**B**）が「カツレツが食べたいです」と答え，女性（**A**）が「レストランに行きましょう！」と誘っていることから，何を食べるかについて話題にされていることがわかります。したがって，正解は選択肢 **3** です。［正解率 98.28%］

放 送　問題 **11**

A: Was lesen Sie gerade?

B: Ich lese ein Buch von Haruki Murakami.

A: Oh, wer ist das?! Ich kenne ihn nicht.

内容:

A: 今何を読んでいらっしゃいますか？

B: 村上春樹の本を読んでいます。

A: おや，それは誰ですか?!　私は彼のことを知りません。

男性（**A**）が女性（**B**）に「今何を読んでいらっしゃいますか？」と尋ねています。その後，女性（**B**）が「村上春樹の本を読んでいます」と答えていることから，読んでいる本について話題にされていることがわかります。したがって，正解は選択肢 **1** です。［正解率 99.75%］

◇この問題は 9 点満点（配点 3 点×3）で，平均点は 8.88 点でした。

第 3 部　ここがポイント！ / 解説のまとめ

＊会話の中で繰り返されている重要なキーワードを聞き取ろう！

＊疑問文では，文頭の語に注意して聞こう！

＊聞き取れる語句からテーマを推測できるように，毎日ドイツ語を聞くようにしよう！

4 級

4級 (Anfängerstufe)
検定基準

■基礎的なドイツ語を理解し，初歩的な文法規則を使って日常生活に必要な表現や文が運用できる。

■家族，学校，職業，買い物など身近な話題に関する会話ができる。
簡単な手紙や短い文章の内容が理解できる。
比較的簡単な文章の内容を聞き，質問に答え，重要な語句や数字を書き取ることができる。

■対象は，ドイツ語の授業を約60時間（90分授業で40回）以上受講しているか，これと同じ程度の学習経験のある人。

2021 年度 夏期 ドイツ語技能検定試験

4 級

筆記試験　問題

（試験時間　60 分）

出題は新しい正書法（単語のつづり方などに関する規則）に従います。解答は新旧いずれの方式でも認めます。

注　意

■受験票と机の上の受験番号が同じであることを確認してください。

■携帯電話，スマートフォン，スマートウォッチ等の電子機器類は電源を切り，カバン等にしまってください。机の上に置いてはいけません。

■中途退場は認めません。退場は試験放棄となります。

①問題冊子は試験開始の合図があるまで，開いてはいけません。

②問題冊子は表紙・裏表紙を含めて 8 ページあります。
余白は下書き・メモ用に使ってかまいません。

③試験監督者の指示に従って，解答用紙の所定の欄に，受験番号・氏名を記入してください。

④解答は黒の HB の鉛筆で強めに記入してください。
書き直す場合には，消しゴムできれいに消してから記入してください。

⑤**解答はすべて解答用紙の指定された箇所に記入してください。**

⑥記入する数字は，下記の見本に従って書いてください。

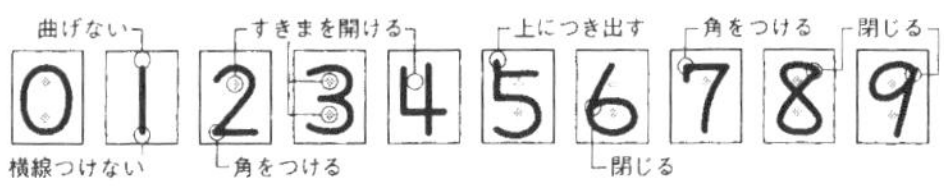

■試験が終わっても，指示があるまで席を立たないでください。

■解答用紙は持ち帰ってはいけません。

■この問題冊子の無断転載，無断複製を禁じます。

1

次の (1) ～ (4) の条件にあてはまるものが各組に一つあります。それを下の 1 ～ 4 から選び，その番号を解答欄に記入しなさい。

(1) 下線部の発音が他と異なる。
1 Abendessen 2 Erdbeere 3 Handschuhe 4 Wanderung

(2) 下線部にアクセント（強勢）がある。
1 bestimmt 2 Interesse 3 privat 4 Zitrone

(3) 下線部が長く発音される。
1 Gold 2 Person 3 Roman 4 Stollen

(4) 問い **A** に対する答え **B** の下線の語のうち，通常最も強調して発音される。
A: Hallo, ist das Taxi frei?
B: Ja, wohin möchten Sie?
A: Bitte, fahren Sie zum Flughafen.

1 fahren 2 Sie 3 zum 4 Flughafen

2

次の (1) ～ (4) の文で（　　）の中に入れるのに最も適切なものを下の 1 ～ 4 から選び，その番号を解答欄に記入しなさい。

(1) Anna (　　) auf der Straße einen alten Freund.
1 treffe 2 trefft 3 triffst 4 trifft

(2) Du (　　) jetzt bei einer japanischen Firma, nicht wahr?
1 arbeite 2 arbeiten 3 arbeitest 4 arbeitet

(3) (　　) Sie bitte die Kartoffel in kleine Stücke!
1 Schneide 2 Schneiden 3 Schneidest 4 Schneidet

(4) (　　) ich heute deinen Computer benutzen?
1 Darf 2 Darfst 3 Dürfen 4 Dürft

3 次の (1) ~ (4) の文で (　　) の中に入れるのに最も適切なものを下の 1 ~ 4 から選び，その番号を解答欄に記入しなさい。

(1) Erwin hilft oft (　　) Mutter.
　1 sein　　2 seine　　3 seiner　　4 seines

(2) Der Wirt begrüßt (　　) Gäste immer freundlich.
　1 dem　　2 den　　3 der　　4 die

(3) Das Restaurant liegt neben (　　) Post.
　1 das　　2 den　　3 der　　4 die

(4) Jetzt zeige ich (　　) die Fotos.
　1 dein　　2 dich　　3 dir　　4 du

4 次の (1) ~ (4) の文で (　　) 内の語を挿入して文を完成させる場合，最も適切な箇所はどこですか。[1] ~ [4] から選び，その番号を解答欄に記入しなさい。

(1) (kann)
Guten Tag! Was [1] ich [2] für Sie [3] tun [4] ?

(2) (noch)
Später [1] rufe ich [2] Petra [3] einmal [4] an.

(3) (Stunden)
Wie viele [1] schläfst [2] du [3] jeden Tag [4] ?

(4) (Ihnen)
Frau Schumann, [1] ich [2] gebe [3] meine Telefonnummer [4] .

5 次の (1) ～ (4) の文で（　　）の中に入れるのに最も適切なものを下の 1 ～ 4 から選び，その番号を解答欄に記入しなさい。

(1) Möchten Sie (　　) oder mit Karte bezahlen?
1 bald　**2** bar　**3** gern　**4** lieber

(2) Vielen Dank! – (　　) zu danken.
1 Alles　**2** Etwas　**3** Nichts　**4** Was

(3) (　　) gehört der Kugelschreiber?
1 Wann　**2** Was　**3** Wem　**4** Wenn

(4) Wo ist Hanna jetzt? – Ich habe keine (　　).
1 Ahnung　**2** Einladung　**3** Heizung　**4** Übung

6 次の (1) ～ (4) の会話が完成するように，（　　）に入れるのに最も適切なものを下の 1 ～ 4 から選び，その番号を解答欄に記入しなさい。

(1) **A**: Was kosten die Bananen hier?
B: 4,98 (　　).
1 Euro　**2** Kilogramm
3 Liter　**4** Meter

(2) **A**: Seit gestern habe ich einen Enkel. Jetzt bin ich Oma!
B: (　　)!
1 Frohes Neujahr　**2** Gute Besserung
3 Herzlichen Glückwunsch　**4** Schönes Wochenende

(3) **A**: Kann ich Ihnen noch ein Stück Fleisch geben?
B: Nein danke! Es schmeckt super, (　　).
1 aber ich möchte noch mehr Fleisch
2 aber ich bin sehr müde
3 aber ich bin wirklich satt
4 aber ich mag keinen Fisch

(4) **A**: Sieh mal den Prospekt! Das Möbelgeschäft hat viele Sonderangebote!
B: Sind (　　) auch billig?
1 die Betten　**2** die Getränke
3 die Motorräder　**4** die Wohnungen

7 以下は，Anna が友人に誕生日パーティーの案内をしているメールです。このメールを読んで，以下の **(a)** ～ **(e)** に対応する絵を下の **1** ～ **8** から選び，その番号を解答欄に記入しなさい。

Von: Anna
An: Lisa, Jan, Eva, Monika, Benny, Stefan
Betreff: Geburtstagsfeier
Am: 08.03.2021

Meine lieben Freunde,
am Mittwoch nächster Woche ist mein Geburtstag. Daher möchte ich eine Party machen und meinen Geburtstag mit euch feiern. Die Party findet am Samstag, dem 20. März bei mir zu Hause statt. Wir möchten um 19 Uhr beginnen. Mein Bruder Martin bringt Pizzas mit. Ich werde eine Gulaschsuppe kochen und einen Käsekuchen und eine Schokoladentorte backen. Bitte bringt etwas zum Trinken mit! Saft, Wein, Bier, Wasser ... alles ist willkommen. Und Benny, du kannst doch gut backen. Kannst du für uns zwei Brote backen und sie mitbringen?

Kann jemand von euch nicht kommen? Dann schreibt mir kurz!
Ich freue mich schon!

Bis Samstag und liebe Grüße
Anna

(a) Wann ist der Geburtstag von Anna?
(b) Wo findet die Party statt?
(c) Was bringt der Bruder von Anna mit?
(d) Was sollen die Freunde von Anna mitbringen?
(e) Was soll Benny machen?

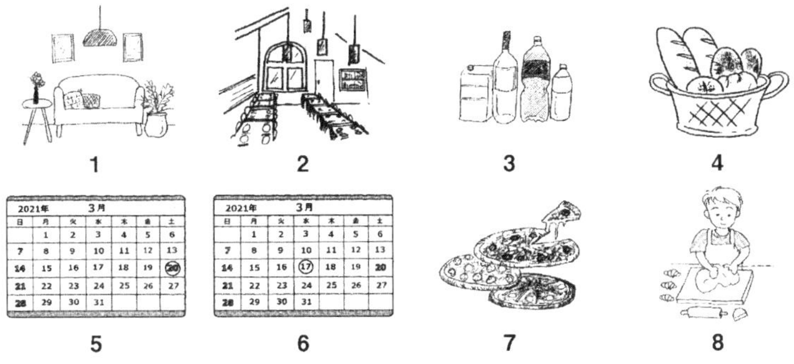

8 以下は，マコトと旅行案内所の職員（Mitarbeiterin）が，旅行案内所でかわしている会話です。空欄（ **a** ）～（ **e** ）に入れるのに最も適切なものを下の **1** ～ **8** から選び，その番号を解答欄に記入しなさい。

Makoto:	Entschuldigung. (**a**)
Mitarbeiterin:	Ja, natürlich!
Makoto:	Ich möchte das Schloss auf dem Berg besuchen. Kann man hier die Eintrittskarten kaufen?
Mitarbeiterin:	Ja, hier kann man Karten bekommen. Eine Karte kostet 10 Euro. (**b**)
Makoto:	Hm, wie lange dauert es denn zu Fuß?
Mitarbeiterin:	(**c**) Mit dem Bus brauchen Sie nur zehn Minuten. Hier kann man auch Fahrkarten kaufen.
Makoto:	Dann fahre ich lieber mit dem Bus. (**d**)
Mitarbeiterin:	Eine Eintrittskarte für das Schloss und eine Fahrkarte für den Bus ..., das macht 12 Euro.
Makoto:	Bitte sehr! Von wo fährt der Bus?
Mitarbeiterin:	(**e**) Viel Spaß!
Makoto:	Danke schön!

1 Die Haltestelle ist vor dem Hotel dort.

2 Man braucht ungefähr dreißig Minuten.

3 Kann ich Ihnen helfen?

4 Es ist jetzt drei Uhr.

5 Wie viel kostet das?

6 Das Hotel liegt neben der Post.

7 Können Sie mir helfen?

8 Und wollen Sie zum Schloss zu Fuß gehen oder mit dem Bus fahren?

9 次の文章は Weber さんの休暇旅行について書かれたものです。内容に合うものを下の **1** ～ **8** から四つ選び，その番号を解答欄に記入しなさい。ただし，番号の順序は問いません。

Johann Weber lebt mit seiner Frau in Frankfurt. Sie haben einen Hund. Er heißt Bruno. Sie reisen gern. Ihre Freunde fahren im Urlaub meistens ins Ausland, z. B. nach Spanien. Manchmal fliegen sie sogar nach China oder Japan.

Herr und Frau Weber finden andere Kulturen und Sprachen auch interessant, sie wollen aber nicht gern weit weg von Frankfurt. Ein langer Flug macht sie müde und sie möchten auch Bruno in den Urlaub mitnehmen. Deshalb machen sie lieber in Deutschland Urlaub, meistens am Bodensee. Von Frankfurt aus dauert es mit dem Auto bis zum See nur vier Stunden. Ein Hotel dort gefällt ihnen besonders gut. Da können sie mit Bruno bleiben. In dem Hotel ist Bruno auch willkommen.

Der Bodensee grenzt an Deutschland, Österreich und die Schweiz. Am See gehen sie mit Bruno spazieren und essen im Restaurant Fisch. Sie fahren auch gern mit dem Schiff nach Österreich, aber nur selten in die Schweiz, denn in der Schweiz ist alles sehr teuer.

1 ブルーノはヴェーバーさん夫妻の友人の名前である。

2 ヴェーバーさん夫妻の友人は，アジアへ休暇旅行に出かけることもある。

3 ヴェーバーさん夫妻は，他の国の文化や言語に興味がない。

4 ヴェーバーさん夫妻は長時間飛行機に乗っていると疲れてしまう。

5 ヴェーバーさん夫妻は休暇先へ電車で移動する。

6 ブルーノとヴェーバーさん夫妻は同じホテルで過ごすことができる。

7 ボーデン湖は 3 か国に接している。

8 ヴェーバーさんは，船賃が高いので、スイスにはあまり行かない。

4級

2021年度 夏期 ドイツ語技能検定試験

筆記試験 解答用紙

受験番号	氏名
21S	

手書き数字見本

曲げない　すきまを開ける　上につき出す　角をつける　閉じる

0 1 2 3 4 5 6 7 8 9

横線つけない　角をつける　閉じる

1	(1)		(2)		(3)		(4)			
2	(1)		(2)		(3)		(4)			
3	(1)		(2)		(3)		(4)			
4	(1)		(2)		(3)		(4)			
5	(1)		(2)		(3)		(4)			
6	(1)		(2)		(3)		(4)			
7	(a)		(b)		(c)		(d)		(e)	
8	a		b		c		d		e	
9										

09

2021 年度 夏期 ドイツ語技能検定試験

4 級

聞き取り試験　解答の手引き

（試験時間　約 25 分）

出題は新しい正書法（単語のつづり方などに関する規則）に従います。解答は新旧いずれの方式でも認めます。

――注　意――

■受験票と机の上の受験番号が同じであることを確認してください。

■携帯電話，スマートフォン，スマートウォッチ等の電子機器類は電源を切り，カバン等にしまってください。机の上に置いてはいけません。

■中途退場は認めません。

①指示があるまでページを開いてはいけません。

②聞き取り試験は 3 部から成り立っています。

③試験監督者の指示に従って，解答用紙の所定の欄に，受験番号・氏名を記入してください。

④放送の指示でページを開き，解答のしかたをよく読んでください。

⑤解答は黒の HB の鉛筆で強めに記入してください。
書き直す場合には，消しゴムできれいに消してから記入してください。

⑥解答はすべて試験時間内に解答用紙の指定された箇所に記入してください。

⑦記入する数字は，下記の見本に従って書いてください。

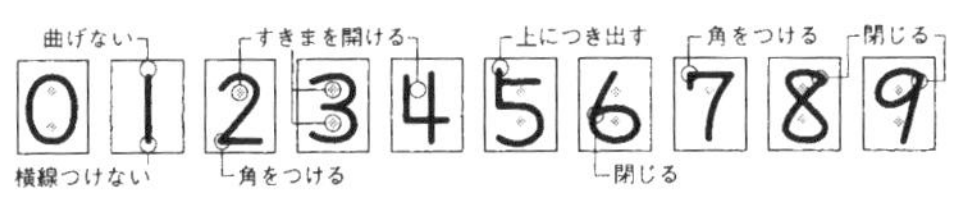

⑧アルファベットは大文字と小文字の判別ができるようにはっきりと書いてください。

■試験が終わっても，指示があるまで席を立たないでください。

■解答用紙は持ち帰ってはいけません。

■この問題冊子の無断転載，無断複製を禁じます。

10

第1部　Erster Teil

1. 第1部は，問題（**1**）から（**4**）まであります。
2. 各問題において，それぞれ四つの短い会話 **1** ～ **4** を放送します。間隔をおいてもう一度放送します。
3. すべての会話を聞いたうえで，会話として最も自然なものを選び，その番号を解答用紙の所定の欄に記入してください。
4. 以下，同じ要領で問題（**4**）まで順次進みます。
5. メモは自由にとってかまいません。
6. 問題を始める前に，放送で解答のしかたを説明します。その説明の中で例を示します。

【注意】（解答は解答用紙に記入してください。）

（**1**）	**1**	**2**	**3**	**4**
（**2**）	**1**	**2**	**3**	**4**
（**3**）	**1**	**2**	**3**	**4**
（**4**）	**1**	**2**	**3**	**4**

11

第2部　Zweiter Teil

1. 第2部は，問題（**5**）から（**8**）まであります。
2. まずドイツ語の会話を放送し，内容についての質問（**5**）～（**8**）を放送します。それをもう一度放送します。
3. それを聞いたうえで，（**5**）と（**7**）には適切な一語を，（**6**）と（**8**）には算用数字を，解答用紙の所定の欄に記入してください。なお，単語は大文字と小文字をはっきり区別して書いてください。
4. 最後に全体を通して放送します。
5. メモは自由にとってかまいません。

（**5**）　Sie fahren mit dem ____________ .

（**6**）　Sie bezahlt □□ Euro.

（**7**）　Sie bleiben bis ____________ .

（**8**）　Um 9. □□ Uhr.

12

第3部　Dritter Teil

1. 第3部は，問題(**9**)から(**11**)まであります。
2. まずドイツ語の短い文章または会話を二回放送します。
3. それを聞いたうえで，その文章の内容を表すのに最も適した絵をそれぞれ**1**～**4**から選び，その番号を解答用紙の所定の欄に記入してください。
4. 以下，同じ要領で問題(**11**)まで進みます。
5. 最後に，問題(**9**)から(**11**)までのドイツ語の文章をもう一度通して放送します。そのあと，およそ1分後に試験終了のアナウンスがあります。試験監督者が解答用紙を集め終わるまで席を離れないでください。
6. メモは自由にとってかまいません。

(**9**)

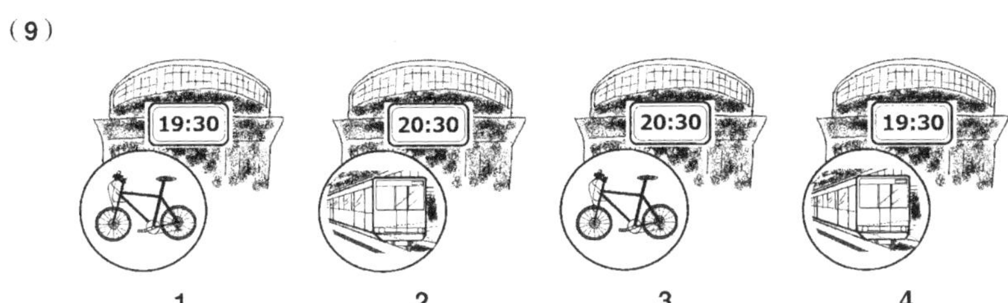

(**10**)

(**11**)

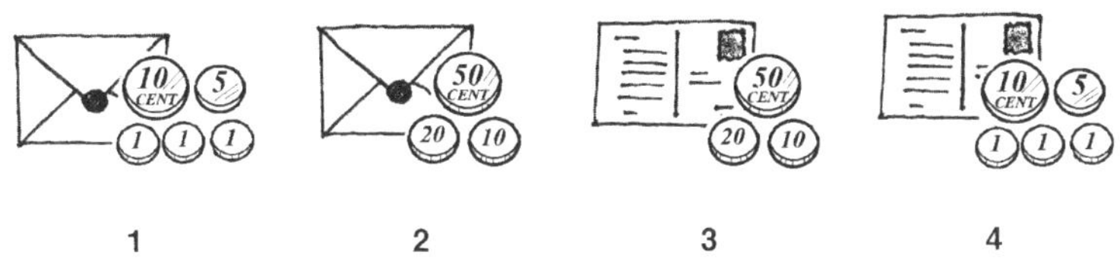

1　　2　　3　　4

4級 2021年度 夏期 ドイツ語技能検定試験

聞き取り試験 解答用紙

受験番号	氏名
21S	

手書き数字見本

0 1 2 3 4 5 6 7 8 9

【第1部】

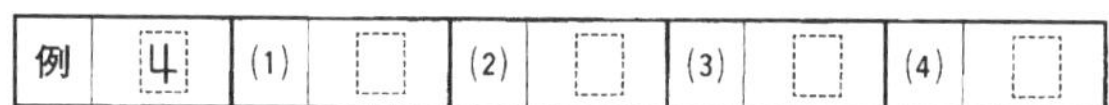

【第2部】

(5) Sie fahren mit dem ________.

採点欄

(7) Sie bleiben bis ________.

採点欄

(8) Um 9. Uhr.

【第3部】

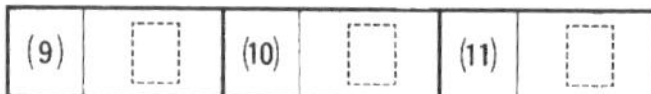

夏期《4級》 ヒントと正解

【筆 記 試 験】

1 発音とアクセント

正解 (**1**) **4** (**2**) **1** (**3**) **2** (**4**) **4**

発音とアクセントの位置や母音の長短，そして文を読む際の強調箇所に関する問題です。発音の規則とともに，特殊な読み方をする頻出語についての知識が必要となります。

(**1**) 子音字 d の発音に関する問題です。子音字 d は，語末や音節末に位置しているときは原則として無声音の [t] で発音されます。それ以外の場合は有声音の [d] で発音されます。選択肢 **1** の Abendessen (夕食)，選択肢 **2** の Erdbeere (いちご)，選択肢 **3** の Handschuhe (手袋) は合成語です。つまり，これらの語の下線部 d は音節末に位置しており，無声音の [t] で発音されます。選択肢 **4** の Wanderung (ハイキング) の d のみが有声音の [d] で発音されます。したがって，正解は選択肢 **4** です。33.09% の解答が選択肢 **1** の Abendessen を選んでいましたが，この語は Abend (晩) と Essen (食事) から成る合成語です。それぞれの語の読み方を踏まえて発音しましょう。[正解率 42.84%]

(**2**) アクセント (強勢) の位置に関する問題です。ドイツ語では原則として，語の最初の音節にアクセントが置かれますが，多くの外国語由来の語や非分離前つづり (be-, ge-, ver- など) をともなう語では，最初の音節にアクセントはありません。選択肢 **1** の bestimmt (たしかに) は非分離前つづりがあるため最初の音節にアクセントはなく，下線部の母音 i にアクセントが置かれます。選択肢 **2** の Interesse (興味)，選択肢 **3** の privat (個人の)，そして選択肢 **4** の Zitrone (レモン) は，そもそもはラテン語に起源を持っており，選択肢 **2** は第 3 音節，選択肢 **3** と選択肢 **4** はともに第 2 音節にアクセントが置かれます。したがって，正解は選択肢 **1** です。[正解率 61.60%]

(**3**) 母音の長短を問う問題です。アクセントが置かれる母音は，それに続く子音字が一つならば長く，子音字が二つ以上であれば短く読まれます。選択肢 **1** の

Gold（金）と選択肢 **4** の Stollen（シュトレン）の下線部 o は規則通りに短く発音されます。一方で，選択肢 **2** の Person（人）と選択肢 **3** の Roman（長編小説）ですが，前者はラテン語に，後者は直接にはフランス語の同様の意味の語に由来し，アクセントは最後の音節の母音（選択肢 **2** の Person は下線部 o，選択肢 **3** の Roman は a）に置かれて，その母音は長く読まれます。したがって，正解は選択肢 **2** です。27.41％の解答が選択肢 **4** の Stollen を選んでいました。日本の洋菓子店でよく「シュトーレン」と書かれていますが，短母音の「シュトレン」が正しいので，これを機にドイツ語の正しい発音を覚えてください。［正解率 43.21％］

（**4**）文において最も強調して発音される語を選ぶ問題です。基本的に，文の中で最も重要な情報を提供する箇所が強調して発音されます。**A** は「こんにちは，このタクシーは空いていますか？」と尋ねています。これに対して **B** が「はい，どちらへいらっしゃりたいのですか？」と返答します。さらに **A** が「空港へ行ってください」と答えます。**B** が wohin（どこへ）と尋ねたことに対する答えとして，最も重要な情報は行き先となる場所です。**A** の返答においては Flughafen（空港）という場所が最も強調して発音されるべき語となります。したがって，正解は選択肢 **4** です。［正解率 94.81％］

◇この問題は 12 点満点（配点 3 点×4）で，平均点は 7.27 点でした。

1 ここがポイント！

＊発音やアクセントの位置などの基本的な原則を覚えよう！

＊頻繁に使用される語ほど，外国語由来の語や非分離前つづりを含むものが多い。そのような語は発音の規則にあてはまらない例外が多いので留意しよう！

＊会話では特に注意を喚起したい重要な情報を強調して発音しよう！

2 動詞と話法の助動詞（現在人称変化，命令形）

正解　（**1**）**4**　（**2**）**3**　（**3**）**2**　（**4**）**1**

動詞および話法の助動詞の現在人称変化形，命令形の作り方を問う問題です。

（**1**）動詞 treffen（～に会う）の現在人称変化を問う問題です。動詞 treffen は，主語が親称 2 人称単数 du と 3 人称単数 er / sie / es の場合，語幹の母音が e → i

と変化します。つまり，du triffst，er / sie / es trifft という形を取ります。したがって，正解は選択肢 **4** です。問題文は「アンナは路上で旧友に会う」という意味です。動詞 treffen は，3 格ではなく 4 格の目的語を取ることにも注意しましょう。［正解率 87.04%］

（**2**）arbeiten（働く）の現在人称変化を問う問題です。語幹が t や d で終わる動詞は，主語が親称 2 人称単数 du，3 人称単数 er / sie / es，親称 2 人称複数 ihr の場合，口調を整えるため語幹の直後に母音 e を補って du arbeitest，er / sie / es arbeitet，ihr arbeitet のように変化します。したがって，正解は選択肢 **3** です。問題文は「きみは今日本の会社で働いているんだよね？」という意味です。このような現在人称変化をする動詞には，他に finden（見つける）や warten（待つ）などがあります。［正解率 94.69%］

（**3**）schneiden（切る）に関する問題です。問題文の文末には感嘆符（!）があることから，問題文は Sie（あなた，あなた方）に対する命令文であることがわかります。命令形には，① du に対する命令，② ihr に対する命令，③ Sie に対する命令の三つがありますが，①と②では主語 du，ihr を用いません。③のみ，主語 Sie を用いた上，規則動詞の場合は語幹に -en という語尾をつけて文頭に置きます。したがって，正解は選択肢 **2** です。問題文は，「これらのじゃがいもを細かく切り分けてください」という意味です。［正解率 89.01%］

（**4**）話法の助動詞 dürfen（～してよい）の現在人称変化を問う問題です。dürfen は，主語が単数の場合，語幹の母音が ü → a と変音した上で，ich darf, du darfst，er / sie / es darf のように変化します。したがって，正解は選択肢 **1** です。問題文は，「今日私はきみのコンピューターを使ってもいいかな？」という意味です。［正解率 95.43%］

◇この問題は 12 点満点（配点 3 点×4）で，平均点は 11.00 点でした。

2 ここがポイント！

＊語幹の母音が変音する不規則変化動詞に気をつけよう！
＊話法の助動詞は，日常的にもよく使うものなので，現在人称変化形を確実に覚えよう！
＊命令文では，誰に対する命令なのかを見極め，適切な形を作れるようにしよう！

3 冠詞類と代名詞

正解 (**1**) **3**　(**2**) **4**　(**3**) **3**　(**4**) **3**

冠詞類や代名詞の適切な変化形を問う問題です。冠詞類や代名詞は，性・数・格に応じて形が異なります。変化形を正しく覚えるとともに，冠詞類や代名詞の文中での役割に注意する必要があります。

(**1**) 所有冠詞の変化形を問う問題です。問題文はおおよそ「エルヴィンは母に手助けする」という意味であることがわかります。Mutter は女性名詞で，動詞 helfen (手助けする，助ける) は「手助けする，助ける相手」を 3 格目的語とするので，空欄には所有冠詞 sein の女性 3 格の形が入ります。したがって，正解は選択肢 **3** です。なお，選択肢 **2** を選んだ解答が 32.10% ありました。「helfen は 3 格目的語を取る」としっかり覚えてください。[正解率 61.48%]

(**2**) 定冠詞の変化形を問う問題です。問題文はおおよそ「主人が客に挨拶する」という意味であることがわかります。男性名詞 Wirt に 1 格の定冠詞がついていることからこれが主語であることがわかります。Gäste は Gast の複数形で，動詞 begrüßen は他動詞で 4 格目的語を必要としています。したがって，空欄には複数 4 格の定冠詞が入ります。正解は選択肢 **4** です。なお，選択肢 **2** を選んだ解答が 26.17% ありました。[正解率 48.40%]

(**3**) 前置詞の格支配に応じた定冠詞の変化形を問う問題です。Post (郵便局) は女性名詞です。前置詞 neben は 3・4 格支配ですが，動詞 liegen は「移動」ではなく「移動のない状態」を表現しているため，ここでは 3 格支配となります。したがって，空欄には女性 3 格の定冠詞が入ります。正解は選択肢 **3** です。[正解率 69.26%]

(**4**) 人称代名詞の変化形を問う問題です。選択肢で使用されている語を見ると，問題文は「これからきみに写真を見せるよ」という意味だと推測できます。動詞 zeigen は，人を表す 3 格目的語と，事物を表す 4 格目的語を組み合わせて使います。したがって，正解は選択肢 **3** です。なお，選択肢 **2** を選んだ解答が 29.63% ありました。3 格と 4 格の意味の違いをきちんと押さえましょう。[正解率 58.40%]

◇この問題は 12 点満点 (配点 3 点×4) で，平均点は 7.12 点でした。

3 ここがポイント！

＊冠詞類や代名詞は動詞や前置詞との関係に応じて形が変化することに注意しよう！

＊ begrüßen, fragen, helfen, treffen のように，日本語母語話者が目的語の格を勘違いしやすい基本動詞もチェックしておこう！

4 語順

正解 （1） **1**　（2） **3**　（3） **1**　（4） **3**

語順を問う問題です。動詞や話法の助動詞，名詞や代名詞の位置など，語順についての基本的な規則を覚えている必要があります。

（**1**）話法の助動詞の位置を問う問題です。文中に挿入する語 kann は，話法の助動詞 können の 1 人称単数の形です。問題文では，疑問詞である was が文頭に来ています。疑問詞がある疑問文では，助動詞は人称変化して文頭から 2 番目に置かれます。したがって，正解は選択肢 **1** です。問題文は「こんにちは。何にいたしましょうか？」という意味で，買い物の場面でよく使われる表現です。定型表現として暗記されることの多い文ですが，文法的知識に基づいて理解しておくことも必要です。［正解率 92.72%］

（**2**）副詞 noch の位置を問う問題です。副詞 noch は単独で使われる場合，「まだ，なお」という意味があります。ですが，einmal と結びつくことで，noch einmal（もう一度）という表現になります。したがって，正解は選択肢 **3** です。問題文は「後で私はペトラにもう一度電話する」という意味です。［正解率 74.69%］

（**3**）名詞の位置を問う問題です。文中に挿入する語 Stunden は，疑問詞 wie viele の後に置かれて「何時間」という意味を形成し，この疑問詞を含んだ句全体が文中の一要素となります。したがって，正解は選択肢 **1** です。問題文は「きみは毎日何時間寝ますか？」という意味です。選択肢 **4** を選んだ解答が 15.31% ありましたが，動詞 schlafen は自動詞で目的語を取らないので，不正解です。［正解率 68.77%］

（**4**）代名詞の位置に関する問題です。動詞 geben は「〜に〜を与える」という意味で，人の 3 格と事物の 4 格の二つを目的語に取ります。3 格目的語と 4 格目的語の両方が名詞であれば，通常 3 格の次に 4 格の目的語が来ます。もしどちらかが代名詞であれば，代名詞が先に位置し，その次に名詞が置かれることになります。文中に挿入する語 Ihnen は，敬称 2 人称の人称代名詞 Sie の 3 格です。ですから，4 格目的語 meine Telefonnummer の前に位置します。したがって，正解は選択肢 **3** です。問題文は「シューマンさん，私はあなたに私の電話番号を差し上げます」という意味です。［正解率 82.35%］

◇この問題は 12 点満点（配点 3 点×4）で，平均点は 9.56 点でした。

4 ここがポイント！

＊目的語を二つとる動詞（geben，zeigen，schenken など）では，目的語の語順に気をつけよう！
＊noch einmal などの，よく目にする表現も少しずつ身につけておこう！
＊定型表現でも，文法的知識に基づいて語順を理解しておこう！

5 語彙

正解 **(1) 2　(2) 3　(3) 3　(4) 1**

語彙力を問う問題です。状況に合わせて適切な語を選ぶことが求められます。

(1) 問題文は「あなたは（　　）またはカードで支払いたいですか？」という意味です。選択肢 **1** の bald は「まもなく」，選択肢 **2** の bar は「現金で」，選択肢 **3** の gern は「好んで，喜んで」，選択肢 **4** の lieber は「より好んで」という意味です。A oder B（A または B）という形で，並列の接続詞 oder をはさんで「(クレジット）カードで」と対比される語が空欄にふさわしいと予想されます。したがって，正解は選択肢 **2** です。なお選択肢 **1** を選んだ解答が 26.42%，選択肢 **3** を選んだ解答が 26.91% ありましたが，どちらも「(　　）またはカードで」という対比関係にならないため，適切ではありません。［正解率 30.25%］

(2) 問題文の前半は「どうもありがとう」という意味です。後半はそれに対する適切な反応となることが求められます。選択肢 **1** の alles（すべて），選択肢 **2** の etwas（何か），選択肢 **3** の nichts（何も～ない）はいずれも不定代名詞，選択肢 **4** の was（何）は疑問代名詞です。このうち nichts を空欄に入れると，Nichts zu danken.（お礼を言うことは何もありませんよ）となり，そこから「どういたしまして」という決まった言い回しになります。したがって，正解は選択肢 **3** です。お礼を言われたときに「どういたしまして」と応じる表現として，他にも Bitte sehr. / Bitte schön. / Gern geschehen. などがあります。まとめて覚えておきましょう。［正解率 56.42%］

(**3**) 問題文は「このボールペンは（　　）のものですか？」という意味です。動詞の jm gehören（～のものである）は，Das Buch gehört mir.（その本は私のものだ）のように，人の 3 格とともに用います。Kugelschreiber（ボールペン）は男性名詞であり，冠詞 der が付いていることから，ここでは主語であることがわかります。よって，空欄には人の 3 格が入ることが予想されます。選択肢 **1** は「いつ」，選択肢 **2** は「何」，選択肢 **3** は「誰」の 3 格，選択肢 **4** は「もし」という意味です。選択肢 **3** を空欄に入れると，Wem gehört der Kugelschreiber? となり，「このボールペンは誰のものですか？」という意味になります。したがって，選択肢 **3** が正解です。jm gehören と似たような使い方をする動詞として，jm gefallen（～^{3}の気に入る）があります。合わせて確認しておきましょう。［正解率 60.37%］

(**4**) 問題文の前半は「ハンナは今どこにいるの？」という意味です。後半はそれに対する適切な反応となることが求められます。選択肢 **1** は「予感，見当」，選択肢 **2** は「招待」，選択肢 **3** は「暖房」，選択肢 **4** は「練習」という意味の名詞です。文法上はすべての選択肢があてはまりますが，選択肢 **1** を空欄に入れると，keine Ahnung haben で「まったく知らない，見当もつかない」という決まった言い回しになり，「ハンナは今どこにいるの？」に対する答えとして最もふさわしいと考えられます。したがって，選択肢 **1** が正解です。［正解率 43.58%］

◇この問題は 12 点満点（配点 3 点×4）で，平均点は 5.72 点でした。

5 ここがポイント！

＊bar / mit Karte bezahlen のように，場面ごとにまとめて効率的に覚えよう！
＊Nichts zu danken. のように日常生活でよく使われる決まった表現は一つのまとまりとして覚え，似たような表現も合わせて確認しよう！
＊個々の単語の意味だけでなく，jm gehören は人の 3 格とともに用いるというように，文の中での使い方も必ずマスターしておこう！

6 会話表現

正解 (**1**) **1**　(**2**) **3**　(**3**) **3**　(**4**) **1**

空欄に適切な表現を入れることにより，短い会話を完成させる問題です。文法的な知識に加え，日常的な場面でよく用いられる慣用表現を覚えておく必要があります。

(**1**) **A** の質問「ここにあるバナナはいくらですか?」に対する返答として，「4,98」という数字に付けるのにふさわしい単位を選ぶ問題です。選択肢 **1** は「ユーロ」，選択肢 **2** は「キログラム」，選択肢 **3** は「リットル」，選択肢 **4** は「メートル」という意味です。値段を尋ねているので，選択肢 **1** が正解です。[正解率 97.16%]

(**2**) **A** の発言「昨日から私には孫がいるの。今や私はお祖母ちゃんよ！」に対する返答としてふさわしい表現を選ぶ問題です。選択肢 **1** は「新年明けましておめでとう」，選択肢 **2** は「お大事に」，選択肢 **3** は「おめでとう」，選択肢 **4** は「よい週末を」という意味です。お孫さんの誕生を祝福する言葉が必要なので，選択肢 **3** が正解です。病気の相手に対して言う選択肢 **2** を選んだ解答が 34.69% ありました。[正解率 53.33%]

(**3**) **A** の質問「もう一切れお肉のおかわりはいかがですか？」に対する **B** の返答として，「いいえ結構です。とても美味しい」の後に続けるのにふさわしい表現を選ぶ問題です。選択肢 **1** は「ですが，もっとお肉が欲しいです」，選択肢 **2** は「ですが，私はとても疲れています」，選択肢 **3** は「ですが，私は本当に満腹です」，選択肢 **4** は「ですが，私は魚が嫌いです」という意味です。「とても美味しくてお肉をおかわりしたい気持ちは山々だけど，お腹がいっぱいで入らない」と言いたいので，選択肢 **3** が正解です。選択肢 **1** を選んだ解答が 29.63% ありました。[正解率 43.58%]

(**4**) **A** の発言「ちょっとこのチラシ見て！ この家具屋さん，たくさんバーゲン品が出ているわ！」に対する **B** の返答として，「(　　　)も安いの？」の空欄にふさわしいものを選ぶ問題です。選択肢 **1** は「ベッド」，選択肢 **2** は「飲物」，選択肢 **3** は「オートバイ」，選択肢 **4** は「住宅」という意味です。家具屋で売っているものが必要なので，選択肢 **1** が正解です。選択肢 **2** を選んだ解答が 25.43%，選択肢 **3** が 28.64%，選択肢 **4** が 20.74% ありました。[正解率 25.06%]

◇この問題は 12 点満点（配点 3 点×4）で，平均点は 6.58 点でした。

6 ここがポイント！
＊日常会話でよく用いられる挨拶や慣用表現を覚えよう！
＊短いやり取りでもどのような状況で話されているのかを的確に把握しよう！

7 テキストの要点の理解（イラスト選択）

正解　(a) 6　(b) 1　(c) 7　(d) 3　(e) 8

アンナが友人たちに送った誕生日パーティーの案内のメールを読み，内容と一致する絵を選ぶ問題です。

内容:
送信者: アンナ
受信者: リーザ，ヤン，エーファ，モーニカ，ベニー，シュテファン
件名: 誕生日パーティー
日付: 2021 年 3 月 8 日

私の大好きなお友達へ
来週の水曜日は私の誕生日です。なので，パーティーを開いて，みんなと一緒に私の誕生日をお祝いしたいと思っています。パーティーは 3 月 20 日の土曜日に私の家で行います。19 時に始めたいと思っています。兄（または弟）のマーティンがピッツァを持ってきてくれます。私はグーラシュスープを作って，チーズケーキとチョコレートケーキを焼きます。（みんなは）何か飲み物を持ってきて！ ジュース，ワイン，ビール，水…なんでも嬉しいです。それから，ベニー，ベニーはパンやケーキを焼くのが上手よね。私たちのためにパンを二つ焼いて持ってきてくれる？
誰か来られない人はいるかな？ もしいたら，手短に知らせてください。
今から楽しみにしています！
では土曜日に
アンナ

【語彙】 statt|finden: ～が行われる，開催される　mit|bringen: ～を持ってくる　etwas zum Trinken: 何か飲むもの　doch:（確認する気持ちを表して）

～だよね

(**a**) は「アンナの誕生日はいつですか？」という意味です。テキストでは，来週の水曜日がアンナの誕生日であることが述べられています。したがって，水曜日に印が付いているカレンダーが描かれている選択肢 **6** が正解です。選択肢 **5** を選んだ解答が 26.30% ありましたが，印がついている 3 月 20 日はパーティーが行われる日です。[正解率 68.02%]

(**b**) は「パーティーはどこで行われますか？」という意味です。テキストでは，アンナがパーティーを自分の家で行うことが述べられています。したがって，ソファーやテーブル，花瓶など，家の部屋の一角が描かれている選択肢 **1** が正解です。[正解率 87.28%]

(**c**) は「アンナの兄（または弟）は何を持ってきますか？」という意味です。テキストでは，アンナの兄（または弟）のマーティンがピッツァを持ってくるということが述べられています。したがって，ピッツァが描かれている選択肢 **7** が正解です。[正解率 97.28%]

(**d**) は「アンナの友人たちは何を持ってくるように言われていますか？」という意味です。テキストでは，アンナがみんなに何か飲み物を持ってくるよう頼んでいます。したがって，飲み物のボトルやパックが描かれている選択肢 **3** が正解です。[正解率 95.43%]

(**e**) は「ベニーは何をするように言われていますか？」という意味です。テキストでは，ベニーがパンやケーキを焼くのが上手なので，パンを焼いて持ってくるように頼まれています。したがって，パンを焼く姿が描かれている選択肢 **8** が正解です。選択肢 **4** を選んだ解答が 37.53% ありましたが，何をするのかが問われているので，パンの絵だけではそれを焼いて持ってくるのか，買って持ってくるのか判断できません。[正解率 60.86%]

◇この問題は 15 点満点（配点 3 点×5）で，平均点は 12.27 点でした。

7 ここがポイント！

＊登場人物が複数いるテキストでは，それぞれ誰について述べている文なのかに注目して，テキストの内容を整理しよう！

＊一つ一つの語句に注目するだけでなく，前後の文脈，全体の話の流れを正確に読み取ろう！

8 会話文理解

正解 (a) 7 (b) 8 (c) 2 (d) 5 (e) 1

適切な選択肢の文を空欄に入れて，文脈的に自然な流れの会話文を完成させる問題です。各選択肢の文の意味を理解するとともに，空欄の前後の文の意味を把握して，文脈を追いながら空欄に入れるべき選択肢を決定します。テキストは，旅行者のマコトと旅行案内所の（女性の）職員（Mitarbeiterin）の会話です。マコトは山の上にあるお城への訪問を希望しており，旅行案内所で職員に質問します。最初に，会話文と選択肢の意味を確認します。

内容

マコト：すみません。(**a**)

職員：はい，もちろんです。

マコト：山の上のお城を訪ねたいのですが。ここで入場券を買えますか？

職員：はい，こちらでチケットを入手できます。チケットは 1 枚 10 ユーロです。(**b**)

マコト：ええと，徒歩ですと一体どれくらいかかりますか？

職員：(**c**) バスでしたら 10 分しかかかりません。こちらで乗車券もお求めになれますよ。

マコト：それではバスで行くことにします。(**d**)

職員：お城の入場券 1 枚とバスの乗車券 1 枚ですね…，12 ユーロになります。

マコト：どうぞ。バスはどこから出ますか？

職員：(**e**) 楽しんでいらしてください。

マコト：どうもありがとう。

1 停留所はあそこのホテルの前です。

2 おおよそ 30 分を要します。

3 お手伝いしましょうか？
4 今 3 時です。
5 おいくらですか？
6 そのホテルは郵便局の隣にあります。
7 助けていただけますか？
8 それで，お城へは歩いて行かれますか，それともバスでいらっしゃいますか？

(**a**)：マコトは職員に「すみません」と呼びかけた後，(**a**) と言います。職員は (**a**) に対して，「はい，もちろんです」と答えています。一般的に ja という返答を求めるのは，定形の動詞から始まる決定疑問文です。選択肢の中には決定疑問文が三つあります。選択肢 **3**，選択肢 **7**，そして選択肢 **8** も決定疑問文です。選択肢 **8** は Und（それで）で始まっていますが，並列接続詞の und は後に続く文の語順に影響を及ぼさないため，選択肢 **8** も決定疑問文です。空欄 (**a**) は旅行案内所で質問するにあたっての冒頭の会話であり，自然な文脈を作るのは相手にお願いする表現です。したがって，正解は選択肢 **7**「助けていただけますか？」です。［正解率 88.77%］

(**b**)：マコトは職員に山の上のお城を訪ねたい旨を述べ，入場券をこの案内所で買えるかどうかと尋ねます。チケットの代金に関する会話がなされ，それに続くのが職員によって発せられる (**b**) です。(**b**) に対してマコトは，「ええと，徒歩ですと一体どれくらいかかりますか？」と尋ねます。zu Fuß（徒歩で）という表現が重要なヒントであり，お城へ行く手段が話題となっているのです。選択肢の中で交通手段が話題に上っているのは選択肢 **8** のみです。したがって，正解は選択肢 **8** の「それで，お城へは歩いて行かれますか，それともバスでいらっしゃいますか？」です。［正解率 80.00%］

(**c**)：マコトの「ええと，徒歩ですと一体どれくらいかかりますか？」という質問は，所要時間を問うています。wie lange dauert es ...?（〜にはどれくらいかかりますか？）という表現は重要です。「時間」に関する何らかの情報を含む選択肢は，選択肢 **2** と選択肢 **4** です。選択肢 **4** は「今 3 時です」という時刻を述べる文であり，時刻を表す非人称の es を用いています。選択肢 **2** は動詞 brauchen（〜を必要とする）を用いて所要時間を述べています。したがって，正解は選択肢 **2** の「おおよそ 30 分を要します」です。［正解率 84.94%］

(**d**)：マコトはお城へバスで行くことにします。マコトの (**d**) の発言に対して，職員はお城への入場券とバスの乗車券が 12 ユーロであることを述べます。つまり，ここでは値段についての情報を得るための質問がなされる必要があります。選択肢の中で値段に関係する表現は，選択肢 **5** です。したがって，正解は選択肢 **5** の「おいくらですか？」です。［正解率 92.47%］

(**e**)：チケットを買ったマコトは「バスはどこから出ますか？」と尋ねます。疑問詞 wo（どこ）はしばしば前置詞をともなって使われますが，ここでは von wo（どこから）という表現を理解することが必要です。von wo から予想される職員の返答は，バスの発車場所に関する文です。場所に関係している選択肢は選択肢 **1** と選択肢 **6** です。10.37% の解答が選択肢 **6**「そのホテルは郵便局の隣にあります」を選んでいましたが，これはホテルの場所を述べており，バスの発車場所についての返答ではありません。したがって，正解は選択肢 **1** の「停留所はあそこのホテルの前です」です。選択肢 **1** では von（～から）や Bus（バス）といった語が使われていませんが，Haltestelle が「（バスや路面電車の）停留所」という意味であることが正解へと導くヒントとなります。［正解率 79.63%］

◇この問題は 15 点満点（配点 3 点×5）で，平均点は 12.78 点でした。

8 ここがポイント！

＊最初に文全体の内容を把握しよう！

＊空欄の前後の文の種類に注意しよう！ 特に文頭に動詞の定形がある決定疑問文ならば，それに続く返答は ja / nein / doch で始まる文であることが多く，疑問詞で始まる補足疑問文であれば，返答の文が疑問詞に対応する情報を含むことを手がかりとしよう！

＊会話で頻繁に使用される，Wie lange dauert es ...?（～にはどれくらいの時間がかかりますか？），Kann ich Ihnen helfen?（お手伝いしましょうか？），Können Sie mir helfen?（助けていただけますか？），Wie viel kostet das?（おいくらですか？）などの表現を覚えよう！

9 テキストの正確な理解（日本語文選択）

正解　**2，4，6，7**（順序は問いません）

ある程度の長さのまとまったテキストを読み，その要点を正しく理解できるかどうかを問う問題です。テキスト中の表現を正確に読み解いた上で，選択肢の内容の正誤を判断することが求められます。

内容:

ヨハン・ヴェーバーは彼の妻と一緒にフランクフルトに住んでいます。彼らは一匹の犬を飼っています。その犬はブルーノといいます。彼らは旅行をするのが好きです。彼らの友人たちは休暇になると，たいていはスペインなどの外国へ行きます。それどころか，時には中国や日本へ飛行機で行くこともあります。

ヴェーバー夫妻は，他の国の文化や言葉も興味深いと思っています。ですが，彼らはフランクフルトからあまり遠く離れたところに行きたいとは思いません。飛行機で長時間移動すると疲れるし，ブルーノも休暇旅行に一緒に連れて行きたいからです。ですから，彼らはドイツ国内で旅行するほうが好きで，たいていはボーデン湖畔で過ごします。フランクフルトから湖までは，車で4時間しかかかりません。湖畔のホテルが，彼らは特に気に入っています。そこでは，ブルーノと一緒に滞在することができます。そのホテルでは，ブルーノも歓迎されています。

ボーデン湖はドイツ，オーストリア，スイスに国境を接しています。湖のほとりで，彼らはブルーノと一緒に散歩をし，レストランで魚料理を食べます。彼らは船でオーストリアに行くのも好きです。しかし，あまりスイスへ行くことはありません。なぜならスイスでは，あらゆるものの値段が高いからです。

【語彙】 Urlaub: 休暇，休暇旅行　ins Ausland fahren: 外国へ行く　z. B.: 例えば (zum Beispiel の略)　sogar: その上，それどころか　weg: 離れている　lieber: ～のほうがよい (gern の比較級)　von ... aus: ～から　mit dem Auto: 車で　bis zum See: 湖まで　an et[4] grenzen: ～と国境を接している　spazieren gehen: 散歩する　mit dem Schiff: 船で　selten: まれな，めったにない

本文第1行にある Er は，直前の Hund を指しています。そこから，本文第1～2行で，ブルーノがヴェーバー夫妻の飼っている犬の名前だとわかります。したがって，選択肢 **1** は，テキストの内容に合致しないため，不正解です。選択肢 **2** は，本文第3～4行「(ヴェーバーさんの友人は) 時には中国や日本へ飛行機で行くこともあります」に合致するので，正解です。[正解率 85.19%] 選択肢 **3** は，本文第5～6行「ヴェーバー夫妻は，他の国の文化や言葉も興味深いと思っています」と矛盾するので，不正解です。選択肢 **4** は，本文第6行目の内容と合って

いますので，正解です。［正解率 85.06%］選択肢 **5** は，本文第 9 行「フランクフルトから湖までは，車で 4 時間しかかかりません」と記されており，電車で移動することについては触れられていません。したがって，不正解です。選択肢 **6** は，本文第 10 行「そこでは，ブルーノと一緒に滞在することができます」に合致するので，正解です。［正解率 93.83%］選択肢 **7** は，本文第 12 行で「ボーデン湖はドイツ，オーストリア，スイスに国境を接しています」と書かれており，本文の内容と合っているため，正解です。［正解率 93.70%］選択肢 **8** は，テキストの内容に合致しないため，不正解です。この選択肢 **8** を選んだ解答が 31.23% ありました。本文第 15 行では「なぜならスイスでは，あらゆるものの値段が高いからです」と書かれており，「船賃が高いから」という点が本文と矛盾しています。

◇この問題は 12 点満点（配点 3 点×4）で，平均点は 10.73 点でした。

9 ここがポイント！

＊テキスト全体の流れをよく把握し，重要な情報を読み取ろう！
＊代名詞が何を指しているか，確認しながらテキストを読もう！
＊わからない単語が出てきた時には，前後の文脈から内容を推測しよう！

【聞き取り試験】

第1部　会話表現理解（流れが自然なものを選択）

正解　（1）　**3**　（2）　**2**　（3）　**4**　（4）　**3**

放送された4通りの短い会話を聞き，流れが最も自然であるものを選ぶ問題です。文字や絵などの視覚情報を手がかりとすることなく，質問などの発話とそれに続く発話を正確に聞き取った上で，相互の内容的なつながりを確認する必要があります。また，そのためには，イントネーション，アクセント，個々の母音や子音の発音などに関する適切な理解，日常的に用いられるフレーズの知識なども求められます。

なお，4通りの会話において，先行する発話の部分はすべて同じです。以下では，最初にこの共通部分を，次いで後続する4通りの発話の部分を示します。

放送　問題**1**:　Wohnen Sie jetzt in München?

選択肢:　**1**　Ja, sie studiert Medizin.
2　Nein, sie wohnt bei ihren Eltern.
3　Nein, ich wohne in Hamburg.
4　Ja, ich komme gleich.

「あなたは今ミュンヘンに住んでいるのですか？」という質問に対して，選択肢**1**は「はい，彼女は医学を専攻しています」，選択肢**2**は「いいえ，彼女は両親のもとで暮らしています」，選択肢**3**は「いいえ，私はハンブルクに住んでいます」，選択肢**4**は「はい，私はすぐに行きます」と答えています。「あなた」と「私」の間で自然な会話が成立していることから，正解は選択肢**3**です。「あなたは」を意味する敬称2人称のSieと，「彼女は」を意味する3人称単数のsieは同じ発音であるため，非常に紛らわしいのですが，それぞれ動詞の形が異なりますので，これを手がかりとして判断しましょう。[正解率96.67%]

放送　問題**2**:　Wie fährst du zur Arbeit?

選択肢:　**1**　Im Kaufhaus.
2　Mit dem Bus.
3　Um halb neun.
4　Auf dem Tisch.

「きみはどうやって仕事へ行くの？」という質問に対して，選択肢 **1** は「デパートにおいて」，選択肢 **2** は「バスを使って」，選択肢 **3** は「8時半に」，選択肢 **4** は「机の上に」と答えています。仕事への行き方を答えているのは選択肢 **2** だけですから，正解は選択肢 **2** です。選択肢はいずれも文の形ではなく，前置詞句という形のみで短く答えています。［正解率 58.77%］

放 送　問題 **3**:　Was ist dein Hobby?

選択肢:　**1**　Mein Vater ist Lehrer.
　　　　2　Ich gehe morgen.
　　　　3　Das ist zu viel.
　　　　4　Ich spiele gern Fußball.

「きみの趣味は何？」という質問に対し，選択肢 **1** は「私の父は教師です」，選択肢 **2** は「私は明日行きます」，選択肢 **3** は「それは多すぎます」，選択肢 **4** は「私はサッカーをするのが好きです」と答えています。趣味を尋ねている質問に対し，選択肢 **4** は自分が好きなことを答えているため，正解は選択肢 **4** です。［正解率 92.84%］

放 送　問題 **4**:　Tut mir leid!

選択肢:　**1**　Nichts zu danken.
　　　　2　Alles Gute!
　　　　3　Kein Problem!
　　　　4　Es freut mich.

「申し訳ありません」という発話に対し，選択肢 **1** は「感謝にはおよびません，お礼を言うほどのことではありません」，選択肢 **2** は「おめでとう，がんばってね（すべてのよいことをお祈りします）」，選択肢 **3** は「問題ありませんよ，平気ですよ」，選択肢 **4** は「嬉しいです」と答えています。やりとりとして最も自然なものは選択肢 **3** ですから，正解は選択肢 **3** です。なお，選択肢 **2** を選んだ解答が 24.07% ありました。［正解率 56.30%］

◇この問題は 12 点満点（配点 3 点×4）で，平均点は 9.15 点でした。

第1部 ここがポイント！

＊Sie と sie など，発音が同じ語が含まれる文の聞き分けに注意しよう！

＊文の形ではなく，前置詞句のみを用いて答えることも多いので，前置詞それぞれの意味を覚えていこう！

＊Alles Gute! や Kein Problem! など，日常的によく用いられるフレーズは，シチュエーションをイメージしつつ，声に出しながら覚えていこう！

第2部 テキストの重要情報の聞き取りと記述

正解 （5） **Zug** （6） **16** （7） **Sonntag** （8） **45**

放送された会話を聞き，その内容に関する質問に単語や数字で答える問題です。質問もドイツ語で放送されます。

放送

A: Lisa, hast du dieses Wochenende schon etwas vor?

B: Nein, dieses Wochenende habe ich noch nichts vor.

A: Am Freitag fahre ich zu meinen Großeltern in Potsdam. Willst du mitkommen?

B: Oh ja, gerne! Wie fahren wir dorthin? Fahren wir mit deinem Auto?

A: Nein, wir werden den Zug nehmen, denn das geht schneller.

B: Und was kostet eine Fahrkarte nach Potsdam?

A: Die kostet 16 (sechzehn) Euro. Das ist der Studentenpreis.

B: Und wie lange bleiben wir bei deinen Großeltern?

A: Drei Tage, also bis Sonntag.

B: Schön! Ich freue mich schon.

A: Dann treffen wir uns am Freitag um 9.45 Uhr am Bahnhof!

B: Okay, bis dann!

内容:

A: リーザ，今週末もう何か予定ある？

B: ううん，今週末はまだ何も予定ないよ。

A: 金曜日にポツダムにいる祖父母のところに行くんだ。一緒に行きたい？

B: あらっ，うん，喜んで！ そこへはどうやって行くの？ あなたの車で行くの？

A: ううん，列車にするよ。そのほうが速いから。
B: それから，ポツダム行きの切符はいくら？
A: 16ユーロだよ。これは学割値段なんだ。
B: あと，私たちどれくらいあなたの祖父母のところに滞在するの？
A: 3日間，日曜日までだよ。
B: 素敵！ 今から楽しみ。
A: じゃあ，金曜日の9時45分に駅で会おう！
B: オッケー，またね！

【語彙】 vor|haben: 予定する　nichts: 何も～ない　schneller: より速い（schnellの比較級）　Studentenpreis: 学生値段，学割値段

放送 問題**5**: Wie fahren sie zu den Großeltern?

質問は「彼らはどうやって祖父母のところに行きますか？」という意味です。リーザ（**B**）の第2発言の「そこへはどうやって行くの？ あなたの車で行くの？」という質問に対し，**A**は「列車にする」と答えています。解答用紙にはSie fahren mit dem ____________. （彼らは________で行く）と記載されていますので，「列車」に相当する語を書き取る必要があります。したがって，正解は**Zug**です。なお，解答にはZügやZuckなどのつづり間違いが見られました。［正解率66.69%］

放送 問題**6**: Wie viel bezahlt Lisa für eine Fahrkarte nach Potsdam?

質問は「リーザはポツダム行きの切符代としていくら払いますか？」という意味です。リーザ（**B**）の第3発言の「ポツダム行きの切符はいくら？」という質問に対し，**A**は「16ユーロだ」と答えています。解答用紙にはSie bezahlt □□ Euro.（彼女は□□ユーロ払う）と記載されていますので，所定欄に2桁の数字16を記入するのが適切です。正解は**16**です。［正解率74.32%］

放送 問題**7**: Bis wann bleiben sie bei den Großeltern?

質問は「彼らはいつまで祖父母のところに滞在しますか？」という意味です。リーザ（**B**）の第4発言の「どれくらいあなたの祖父母のところに滞在するの？」という質問に対し，**A**は「日曜日まで」と答えています。解答用紙にはSie bleiben bis ____________. （彼らは________まで滞在する）と記載されていますので，「日曜日」に相当する語を書き取る必要があります。したがって，正解は**Sonntag**です。なお，SontagやSohntag，Zonntagなどのつづり間違いが多く見られました。また，Drei Tage（3日間）という解答もありましたが，これは期間を表し

ていますので，bis (～まで) の後に続けることはできません。[正解率 37.82%]

放送 問題 **8**: Wann treffen sie sich am Freitag?

質問は「彼らは金曜日の何時に会いますか？」という意味です。**A** の第 6 発言で「じゃあ，金曜日の 9 時 45 分に駅で会おう」と言っています。解答用紙には Um 9.□□ Uhr. (9 時□□分に) と記載されていますので，所定欄に 2 桁の数字 45 を記入するのが適切です。正解は **45** です。[正解率 39.01%]

◇この問題は 16 点満点 (配点 4 点×4) で，平均点は 8.72 点でした。

第 2 部 ここがポイント！

＊母音の読み方や母音の長短，単語のつづりをしっかり覚えよう！
＊数字は注意深く聞き取ろう！ 2 桁の数字の場合，最初に聞こえるのは 1 の位の数字。

第 3 部 短い文章／会話文の聞き取り

正解 **(9) 4** **(10) 1** **(11) 2**

放送された短いテキストを聞き，その内容を表すのに最も適した絵を「解答の手引き」から選択する問題です。正確な聞き取り能力が求められます。

放送 問題 **9**: Heute Abend gehen wir ins Konzert. Das Konzert beginnt um halb acht. Wir fahren mit der U-Bahn.

内容：今晩，私たちはコンサートへ行きます。そのコンサートは 7 時半に始まります。私たちは地下鉄に乗って行きます。

19 時 30 分という時間を表示する掲示板と，地下鉄が描かれている選択肢 **4** が正解です。この問題では，交通手段である地下鉄 (U-Bahn) という語と，時間を表す数詞を聞き取ることが重要です。この問題では，選択肢 **2** を選択している解答が 29.14% ありました。ドイツ語では um halb acht は「7 時半」を表します。また，コンサート会場の掲示版では 24 時間制で時間が記されていますが，会話では 12 時間制で時間を言うことが多い点にも注意をしてください。[正解率 60.74%]

放送 問題 **10**: Auf dem Foto sehen Sie meine Tochter. Sie spielt sehr gut Geige.

内容： 写真に写っているのは私の娘です。彼女はバイオリンをとても上手に弾きます。

女の子がバイオリンを演奏している様子が描かれている選択肢 **1** が正解です。この問題では，Tochter（娘）や Geige（バイオリン）という語を聞き取ることが重要です。選択肢のイラストを手がかりに，演奏している楽器が何かに注意する必要があります。［正解率 88.64%］

放 送 問題 **11**: Ich gehe zur Post und schicke einen Brief. Das kostet 80 Cent.

内容： 私は郵便局へ行って手紙を出します。料金は 80 セントかかります。

手紙の絵と，80 セント分の硬貨が描かれている選択肢 **2** が正解です。この問題では，Brief（手紙）と，郵送にかかる料金である achtzig という数字を聞き取ることが最も重要です。選択肢 **3** を選んだ解答が 19.14% ありました。選択肢 **3** のイラストには，ポストカードが描かれているので，聞き取り内容に合致しません。［正解率 70.62%］

◇この問題は 9 点満点（配点 3 点×3）で，平均点は 6.61 点でした。

第3部 ここがポイント！

＊イラストの内容を手がかりに，どのような話題なのかを把握しておこう！
＊イラストの違いに関わる数やキーワードを正確に聞きとろう！

2021 年度 冬期 ドイツ語技能検定試験
4 級
筆記試験　問題
（試験時間　60 分）

出題は新しい正書法（単語のつづり方などに関する規則）に従います。解答は新旧いずれの方式でも認めます。

――注　意――

■受験票と机の上の受験番号が同じであることを確認してください。
■携帯電話，スマートフォン，スマートウォッチ等の電子機器類は電源を切り，カバン等にしまってください。机の上に置いてはいけません。
■中途退場は認めません。退場は試験放棄となります。

①問題冊子は試験開始の合図があるまで，開いてはいけません。
②問題冊子は表紙・裏表紙を含めて 8 ページあります。
余白は下書き・メモ用に使ってかまいません。
③試験監督者の指示に従って，解答用紙の所定の欄に，受験番号・氏名を記入してください。
④解答は黒の HB の鉛筆で強めに記入してください。
書き直す場合には，消しゴムできれいに消してから記入してください。
⑤解答はすべて解答用紙の指定された箇所に記入してください。
⑥記入する数字は，下記の見本に従って書いてください。

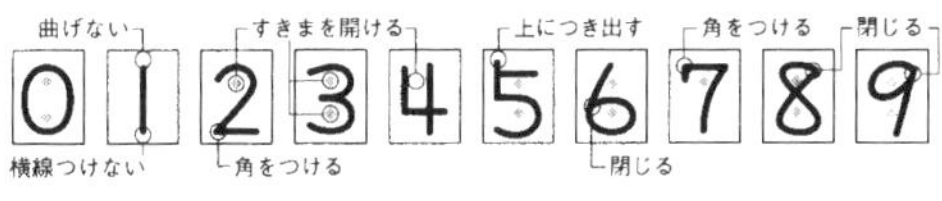

■試験が終わっても，指示があるまで席を立たないでください。
■解答用紙は持ち帰ってはいけません。
■この問題冊子の無断転載，無断複製を禁じます。

1 次の (1) ～ (4) の条件にあてはまるものが各組に一つずつあります。それを下の 1 ～ 4 から選び，その番号を解答欄に記入しなさい。

(1) 下線部の発音が他と異なる。

1 gestern　　2 Haltestelle　　3 Instrument　　4 Kunst

(2) 下線部にアクセント（強勢）がある。

1 Appetit　　2 Beamte　　3 Mittag　　4 Salat

(3) 下線部が短く発音される。

1 Familie　　2 Maschine　　3 Popmusik　　4 Regenschirm

(4) 問い A に対する答え B の下線の語のうち，通常最も強調して発音される。

A: Spielst du nach der Schule mit uns Fußball?

B: Nein, ich muss zum Zahnarzt gehen.

1 muss　　2 zum　　3 Zahnarzt　　4 gehen

2 次の (1) ～ (4) の文で（　　）の中に入れるのに最も適切なものを，下の 1 ～ 4 から選び，その番号を解答欄に記入しなさい。

(1) Was (　　) du heute zu Mittag, Heike?

1 esse　　2 esst　　3 iss　　4 isst

(2) Die Schuhe gefallen mir. Was (　　) sie?

1 koste　　2 kosten　　3 kostest　　4 kostet

(3) (　　) morgen wieder, Johann!

1 Komm　　2 Kommen　　3 Kommst　　4 Kommt

(4) Du (　　) sofort ins Bett gehen, Bernd!

1 muss　　2 musst　　3 müssen　　4 müsst

3 次の (1) ～ (4) の文において（　　）の中に入れるのに最も適切なものを，下の 1 ～ 4 から選び，その番号を解答欄に記入しなさい。

(1) Der Mann ist Fußballspieler. Kennst du (　　)?
1 er　　2 ihm　　3 ihn　　4 ihrer

(2) (　　) willst du treffen? – Ich will meinen Freund Benjamin treffen.
1 Wem　　2 Wen　　3 Wer　　4 Wessen

(3) Du kannst die Vase in (　　) Schrank stellen. Er ist frei.
1 diese　　2 diesem　　3 diesen　　4 dieser

(4) Christina will (　　) Freundinnen einen Brief schreiben.
1 ihr　　2 ihre　　3 ihren　　4 ihrer

4 次の文に（　　）内の語を挿入して文を完成させる場合，最も適切な箇所を [1] ～ [4] から選び，その番号を解答欄に記入しなさい。

(1) (muss)
Für die Prüfung [1] Enrico [2] jeden Tag [3] Deutsch [4] lernen.

(2) (mit)
Ich nehme [1] einen Käsekuchen und [2] einen Kaffee [3] Milch [4].

(3) (sie)
In Lübeck wohnt meine Tante. Am Wochenende [1] will [2] ich [3] besuchen [4].

(4) (gern)
Mein Vater und ich [1] sehen [2] sehr [3] Fußballspiele [4].

5 次の (1) ～ (4) の文で (　　) の中に入れるのに最も適切なものを下の 1 ～ 4 から選び，その番号を解答欄に記入しなさい。

(1) Wohnst du bei deinen Eltern? – Nein, ich wohne (　　).
1 allein　　2 einfach　　3 einmal　　4 zusammen

(2) Im Winter (　　) ich oft Ski.
1 fahre　　2 gehe　　3 komme　　4 spiele

(3) Wohin gehst du jetzt? — Ich gehe (　　) Hause.
1 an　　2 in　　3 nach　　4 zu

(4) Gibt es hier in der Nähe eine (　　)? Ich habe Fieber und brauche Medikamente.
1 Apotheke　　2 Kirche　　3 Oper　　4 Schule

6 次の (1) ～ (4) の会話が完成するように，(　　) の中に入れるのに最も適切なものを下の 1 ～ 4 から選び，その番号を解答欄に記入しなさい。

(1) **A**: Wann kommt der Zug?
B: (　　).
1 Eine Stunde　　2 In fünf Minuten
3 Nach Bremen　　4 Vor drei Tagen

(2) **A**: Tschüs! Schönen Tag noch!
B: Danke, (　　)!
1 freundlich　　2 gleichfalls
3 glücklich　　4 gut

(3) **A**: Oh, Entschuldigung!
B: (　　).
1 Das ist alles　　2 Das weiß ich nicht
3 Das macht 30 Euro　　4 Das macht nichts

(4) **A**: (　　) bist du?
B: Ich bin jetzt am Bahnhof.
1 Wann　　2 Was
3 Wohin　　4 Wo

7 以下の文章は，ツーリストインフォメーションの係員が観光客に街の見どころを説明している場面です。この文章を読んで，以下の **(a)** ～ **(e)** に対応する絵を下の **1** ～ **8** から選び，その番号を解答欄に記入しなさい。

Also, in dieser Stadt müssen Sie unbedingt das Schloss sehen. Gehen Sie hier die Straße immer geradeaus. Dann sehen Sie auf der rechten Seite einen Fußballplatz. Hinter dem Fußballplatz ist der Eingang des Schlosses. Das Schloss ist sehr schön. Es gefällt Ihnen sicher. Im Schlossgarten gibt es ein Café. Dort kann man eine kleine Pause machen.

Wenn Sie Kunst mögen, dann besuchen Sie das Kunstmuseum. Das Museum liegt ganz in der Nähe von hier. Sehen Sie die Kirche dort? Das Museum ist neben der Kirche.

Oh, Sie möchten klassische Musik hören? Schön! Heute Abend findet ein Konzert in der Konzerthalle statt. Das Orchester spielt eine Symphonie von Beethoven. Die Konzerthalle liegt in der Stadtmitte. Nehmen Sie bitte die U-Bahn. Mit der U-Bahn brauchen Sie nur ca. fünf Minuten von hier.

Übrigens, zum Abendessen empfehle ich Ihnen das Restaurant „Kakadu“. Es liegt gegenüber der Konzerthalle. Bitte probieren Sie dort die Fischgerichte. Sie schmecken wirklich sehr gut!

(**a**) Was gibt es hinter dem Fußballplatz?
(**b**) Was gibt es im Schlossgarten?
(**c**) Was gibt es neben dem Museum?
(**d**) Wie kommt man schnell in die Stadtmitte?
(**e**) Was soll man im Restaurant essen?

8 以下は，Jonasと日本からドイツへ初めて旅行に来ている友人カズオの会話です。空欄（ **a** ）～（ **e** ）に入れるのに最も適切なものを下の**1**～**8**から選び，その番号を解答欄に記入しなさい。

Kazuo: Tut mir leid, Jonas. Ich muss mal auf die Toilette.
Jonas: Okay. Wir können zum Kaufhaus gehen. Dort gibt es Toiletten. (**a**) Weißt du das?
Kazuo: Nein. Kostet das auch in anderen europäischen Ländern Geld?
Jonas: (**b**)
Kazuo: Ach so. In Japan ist es normalerweise kostenlos. Wie viel kostet es in Deutschland?
Jonas: (**c**) Das System ist einfach. Beim Automaten zahlt man die 50 Cent, und dann öffnet sich die Tür der Toilette.
Kazuo: Oh, das ist aber praktisch! Ich habe jetzt leider nur einen Euro. (**d**)
Jonas: Ja, selbstverständlich! Ich gebe dir zweimal 50 Cent. Hier bitte!
Kazuo: Danke schön. (**e**)
Jonas: Gerne, kein Problem!

1 Ja, es ist in Europa kostenlos.

2 Meistens 50 Cent.

3 Gib mir 100 Euro!

4 Das ist nett von dir.

5 Ja, meistens muss man etwas bezahlen.

6 Bis morgen!

7 Kannst du mir einen Euro wechseln?

8 In Deutschland kostet das Geld.

9 次の文章は，フランクフルトで学ぶ Isabel が自分の学生生活について語ったものです。内容に合うものを下の **1** ～ **8** から四つ選び，その番号を解答欄に記入しなさい。ただし，番号の順序は問いません。

Ich heiße Isabel und komme aus Spanien, aus Barcelona. Ich bin 22 Jahre alt und studiere Wirtschaft. Seit drei Monaten studiere ich in Frankfurt. Ich bleibe für zwei Semester hier. Danach möchte ich dann hier in Frankfurt arbeiten.

Normalerweise gehe ich um halb neun zur Uni und komme um fünf Uhr abends zurück. Ich habe nicht jeden Tag Seminare und Vorlesungen. Ich gehe aber trotzdem fast jeden Tag in die Uni-Bibliothek, denn ich muss viel für meine Seminare lernen. Am Wochenende bleibe ich meistens zu Hause, aber manchmal gehe ich ins Kino, denn ich sehe sehr gern Filme. Ich bin sehr beschäftigt, aber das Leben hier macht mir Spaß.

Hier habe ich auch viele Freunde. Besonders gerne treffe ich meine Freundin Tanja. Sie studiert Kunst und lernt Spanisch. Im Café sprechen wir nicht nur auf Deutsch, sondern auch viel auf Spanisch, denn sie will nächstes Jahr in Barcelona studieren. In den Semesterferien will ich mit ihr mal zusammen nach Spanien fahren und ihr meine Heimat zeigen. Ich freue mich schon darauf.

1 イサベルはフランクフルトの大学で 2 学期間，学ぶ予定である。

2 イサベルは留学を終えた後，フランクフルトで働きたいと考えている。

3 イサベルは毎日ゼミと講義がある。

4 イサベルは，図書館にあまり行かない。

5 イサベルは，時々週末に映画を見に行く。

6 イサベルとタニャはスペイン語でしか話さない。

7 タニャは来年バルセロナに留学する予定である。

8 イサベルとタニャは，一緒にドイツを旅行するつもりである。

4級　2021年度 冬期 ドイツ語技能検定試験

筆記試験 解答用紙

受験番号	氏名

手書き数字見本

曲げない　すきまを開ける　上につき出す　角をつける　閉じる

0 1 2 3 4 5 6 7 8 9

横線つけない　角をつける　閉じる

1	(1)		(2)		(3)		(4)	
2	(1)		(2)		(3)		(4)	
3	(1)		(2)		(3)		(4)	
4	(1)		(2)		(3)		(4)	
5	(1)		(2)		(3)		(4)	
6	(1)		(2)		(3)		(4)	

7	(a)		(b)		(c)		(d)		(e)	
8	a		b		c		d		e	

9				

🔊
13

2021年度 冬期 ドイツ語技能検定試験

4級

聞き取り試験　解答の手引き

（試験時間　約30分）

出題は新しい正書法（単語のつづり方などに関する規則）に従います。解答は新旧いずれの方式でも認めます。

——注　　意——

■受験票と机の上の受験番号が同じであることを確認してください。
■携帯電話，スマートフォン，スマートウォッチ等の電子機器類は電源を切り，カバン等にしまってください。机の上に置いてはいけません。
■中途退場は認めません。

①指示があるまでページを開いてはいけません。
②聞き取り試験は3部から成り立っています。
③試験監督者の指示に従って，解答用紙の所定の欄に，受験番号・氏名を記入してください。
④放送の指示でページを開き，解答のしかたをよく読んでください。
⑤解答は黒のHBの鉛筆で強めに記入してください。
書き直す場合には，消しゴムできれいに消してから記入してください。
⑥解答はすべて試験時間内に解答用紙の指定された箇所に記入してください。
⑦記入する数字は，下記の見本に従って書いてください。

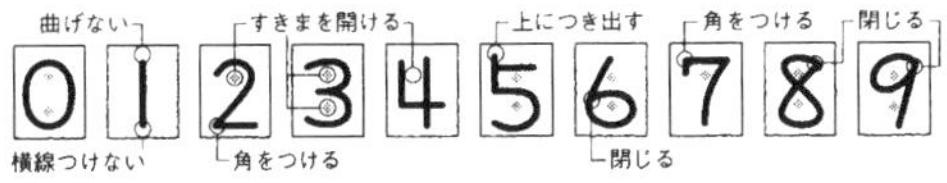

⑧アルファベットは大文字と小文字の判別ができるようにはっきりと書いてください。

■試験が終わっても，指示があるまで席を立たないでください。
■解答用紙は持ち帰ってはいけません。
■この問題冊子の無断転載，無断複製を禁じます。

14

第1部　Erster Teil

1. 第1部は，問題(**1**)から(**4**)まであります。
2. 各問題において，それぞれ四つの短い会話 **1** ～ **4** を放送します。間隔をおいてもう一度放送します。
3. すべての会話を聞いたうえで，会話として最も自然なものを選び，その番号を解答用紙の所定の欄に記入してください。
4. 以下，同じ要領で問題(**4**)まで順次進みます。
5. メモは自由にとってかまいません。
6. 問題を始める前に，放送で解答のしかたを説明します。その説明の中で例を示します。

【注意】(解答は解答用紙に記入してください。)

(**1**)　**1**　**2**　**3**　**4**

(**2**)　**1**　**2**　**3**　**4**

(**3**)　**1**　**2**　**3**　**4**

(**4**)　**1**　**2**　**3**　**4**

15

第2部　Zweiter Teil

1. 第2部は，問題(**5**)から(**8**)まであります。
2. まずドイツ語の会話を放送し，内容についての質問(**5**)～(**8**)を放送します。それをもう一度放送します。
3. それを聞いたうえで，(**5**)と(**7**)には算用数字を，(**6**)と(**8**)には適切な一語を，解答用紙の所定の欄に記入してください。なお，単語は大文字と小文字をはっきり区別して書いてください。
4. 最後に全体を通して放送します。
5. メモは自由にとってかまいません。

(**5**)　Das Regal kostet □□ Euro.

(**6**)　Sie brauchen noch einen ____________ und ein Sofa.

(**7**)　Seit □ Stunden.

(**8**)　Sie kommen ____________ wieder.

16

第3部　Dritter Teil

1. 第3部は，問題 (**9**) から (**11**) まであります。
2. まずドイツ語の短い文章を2回放送します。
3. それを聞いたうえで，その文章の内容を表すのに最も適した絵をそれぞれ **1** ～ **4** から一つ選び，その番号を解答用紙の所定の欄に記入してください。
4. 以下，同じ要領で問題 (**11**) まで順次進みます。
5. 最後に，問題 (**9**) から (**11**) までのドイツ語の文章をもう一度通して放送します。そのあと，およそ1分後に試験終了のアナウンスがあります。試験監督者が解答用紙を集め終わるまで席を離れないでください。
6. メモは自由にとってかまいません。

(**9**)

1　**2**　**3**　**4**

(**10**)

1　**2**　**3**　**4**

(**11**)

1　**2**　**3**　**4**

4級 2021年度 冬期 ドイツ語技能検定試験

聞き取り試験 解答用紙

受験番号	氏名

手書き数字見本

曲げない　すきまを開ける　上につき出す　角をつける　閉じる

0 1 2 3 4 5 6 7 8 9

横線つけない　角をつける　閉じる

【第1部】

例	4	(1)		(2)		(3)		(4)	

【第2部】

(5) Das Regal kostet □□ Euro.

(6) Sie brauchen noch einen ________________ und ein Sofa.　　採点欄

(7) Seit □ Stunden.

(8) Sie kommen ________________ wieder.　　採点欄

【第3部】

(9)		(10)		(11)	

冬期《4級》 ヒントと正解

【筆 記 試 験】

1 発音とアクセント

正解 **(1)** **2** **(2)** **2** **(3)** **4** **(4)** **3**

発音やアクセントの位置，母音の長短，文を読む際の強調箇所に関する問題です。発音の規則とともに，原則にあてはまらない読み方をする語に関する知識が必要となります。

(1) st の発音に関する問題です。st は，語頭に位置しているときは原則として [ʃt] と発音されます。また，二つ以上の単語が合わさってできている合成語の場合，構成要素となっている語が st で始まる語であるときは，語中であっても [ʃt] と発音します。一方，上記以外の st は [st] と発音されます。選択肢 **1** の gestern (昨日)，選択肢 **3** の Instrument (楽器)，選択肢 **4** の Kunst (芸術) の st は，語頭には位置しておらず，なおかつこれらの語は合成語ではないので [st] と発音します。選択肢 **2** の Haltestelle (停留所) は合成語です。動詞 halten (止まる) に由来する Halte と名詞 Stelle (場所) が合わさってできている語であり，下線部 st は [ʃt] と発音されます。したがって，正解は選択肢 **2** です。32.27% の解答が選択肢 **4** の Kunst を選んでいましたが，語末の st の発音は [st] です。正しい発音を記憶しましょう。[正解率 41.08%]

(2) 語のアクセントの位置に関する問題です。ドイツ語では原則として，語の最初の音節の母音にアクセントが置かれますが，多くの外国語由来の語や語頭が非分離前つづり (be-, ge-, ver- など) である場合は，最初の音節にアクセントを置きません。選択肢 **1** の Appetit (食欲) と選択肢 **4** の Salat (サラダ，サラダ菜) は外国語に由来する語であり，いずれも第 1 音節にある下線部にはアクセントが置かれません。Appetit は i に，Salat は第 2 音節の a にアクセントを置きます。選択肢 **2** の Beamte (公務員) は，非分離前つづりで始まる語です。非分離前つづりにはアクセントは置かれませんので，下線部 a にアクセントが置かれます。選択肢 **3** の Mittag (正午) はドイツ語の原則通り，第 1 音節にアクセントを置きます。したがって，正解は選択肢 **2** です。26.42% の解答が選択肢 **1** の Appetit を選んでいましたが，この語は Guten Appetit!（召し上がれ！）といった日常でよく使用される表現に含まれますので，アクセントの正確な位置を確認しましょう。［正解率 42.41%］

（**3**）母音の長短に関する問題です。ドイツ語では原則として，アクセントが置かれる母音は，それに続く子音字が一つならば長く，子音字が二つ以上であれば短く発音されます。ですが，外国語に由来する語では，上記の原則にしたがわない場合も多くあります。選択肢 **1** の Familie（家族），選択肢 **2** の Maschine（機械）は外国語に由来します。いずれも下線部 i にアクセントが置かれ，長く発音されます。また，選択肢 **3** の Popmusik（ポップミュージック）も外来語であり，アクセントは o に置かれて短く発音されます。ただし，この語は Pop（ポップ）と Musik（音楽）からできている合成語で，Musik 自体も外来語です。Musik は i にアクセントが置かれ，長く発音されます。一方で，選択肢 **4** の Regenschirm（雨傘）はゲルマン語に由来するもともとドイツ語の語です。Regen（雨）と Schirm（傘）から成る合成語ですが，Schirm の i は，それに続く子音字が二つですので短く発音されます。したがって，正解は選択肢 **4** です。［正解率 69.65%］

（**4**）文の中で最も強調して発音される語を問う問題です。基本的に，文中で最も重要な情報を提供する語が強調して発音されます。**A** は「放課後に私たちとサッカーをする？」と尋ねています。これに対して **B** が「しないよ，ぼくは歯医者に行かなければならないんだ」と返答します。「サッカーをしよう」という誘いを断るに十分な理由が最も大事な情報であると考えられます。選択肢の中では，Zahnarzt（歯医者）という具体的な情報が，誘いを断るために最も必要であると理解できます。したがって，正解は選択肢 **3** です。［正解率 77.28%］

◇この問題は 12 点満点（配点 3 点×4）で，平均点は 6.91 点でした。

1 ここがポイント！

＊発音やアクセントの位置などに関する，ドイツ語の基本的な原則を覚えよう！
＊日常的に使用される語ほど，外国語由来の語や非分離前つづりを含むものが多い。そのような語は，ドイツ語の発音の規則にしたがわない例外が多いため気をつけよう！
＊会話では特に伝えたい重要な情報を強調して発音しよう！

2 動詞と助動詞（現在人称変化形，命令形）

正解　(1) 4　(2) 2　(3) 1　(4) 2

動詞と話法の助動詞の現在人称変化形，命令形の作り方を問う問題です。

(1) 不規則変化動詞 essen（食べる）の現在人称変化形を問う問題です。動詞 essen は，主語が親称 2 人称単数 du と 3 人称単数 er / sie / es の場合，語幹の母音が e → i と変化し，du isst，er / sie / es isst というように形が変わります。したがって，正解は選択肢 **4** です。語幹の最後が s で終わっているため，du が主語の時は通常の語尾 -st から s を落とした -t だけをつけ，結果的に 3 人称単数のときと同じ形になるので注意しましょう。問題文は「きみはお昼に何を食べるの，ハイケ？」という意味です。zu Mittag essen（昼ご飯を食べる），zu Abend essen（晩ご飯を食べる）という言い方もあわせて覚えておきましょう。[正解率 86.82%]

(2) kosten（～の値段である）の現在人称変化形を問う問題です。問題文は「この靴が気に入りました。これはおいくらですか？」という意味です。最初の文では，動詞が gefallen という形であることから，主語 die Schuhe が複数形であると判断することができます。第 2 文の主語 sie は，この die Schuhe を言い換えたものであるため，空欄には 3 人称複数の主語にあわせた kosten という形が入ります。したがって，正解は選択肢 **2** です。選択肢 **4** の kostet を選んだ解答が 53.29% ありました。Schuh（靴）は，単数ではなく複数形で用いることが多いので注意しましょう。[正解率 43.60%]

(3) kommen（来る）の変化形を問う問題です。文末に感嘆符（！）があること，そしてヨーハン（Johann）と呼びかけていることから，問題文はヨーハンに向けた命令・依頼の表現であることがわかります。命令形には，① du に対する命令，② ihr に対する命令，③ Sie に対する命令の 3 種類がありますが，①と②では主語 du，ihr を用いません。③のみ，主語 Sie を用いた上，原則として語幹に -en という語尾をつけて文頭に置きます。ヨーハンとファーストネームで呼びかけていることから，これは普段 du で呼び合う間柄であると判断できるので，ここでは du に対する命令を作ります。したがって，正解は選択肢 **1** です。問題文は，「明日また来てね，ヨーハン」という意味です。[正解率 65.95%]

(4) 話法の助動詞 müssen（～しなければならない）の現在人称変化形を問う問

題です。müssen は，主語が単数の場合，語幹の母音が ü → u と変音した上で，ich muss，du musst，er / sie / es muss のように変化します。したがって，正解は選択肢 **2** です。語幹が s で終わっているため，du が主語のときは通常の語尾 -st から s を落とした -t だけをつけることに注意しましょう。問題文は，「すぐに寝なさい，ベルント！」という意味です。ins Bett gehen（就寝する）という表現もあわせて覚えておきましょう。［正解率 73.87%］

◇この問題は 12 点満点（配点 3 点×4）で，平均点は 8.11 点でした。

2 ここがポイント！

＊語幹の母音が変化する不規則変化動詞に気をつけよう！
＊話法の助動詞は，日常的にもよく使うものなので，現在人称変化形を確実に覚えよう！
＊命令文では，誰に対する命令なのかを見極め，適切な形を作れるようにしよう！

3 代名詞と冠詞類

正解 （**1**） **3**　（**2**） **2**　（**3**） **3**　（**4**） **3**

代名詞や冠詞類の適切な変化形を問う問題です。代名詞や冠詞類は，性・数・格に応じて形が異なります。変化形を正しく覚えるとともに，冠詞類や代名詞の文中での役割にも注意する必要があります。

（**1**） 人称代名詞の変化形を問う問題です。問題文は「その男性はサッカー選手です。きみは彼を知っていますか」という意味だと予想されます。動詞 kennen（知っている）は 4 格目的語を取るので，空欄には，単数の男性名詞 Fußballspieler と性・数が同じであり，かつ，4 格である代名詞 ihn を入れるのが適切です。したがって，正解は選択肢 **3** です。なお，選択肢 **2** を選んだ解答が 16.58% ありました。［正解率 75.50%］

（**2**） 疑問代名詞 wer の変化形を問う問題です。第 2 文が「私は友人のベンヤミンに会いたいのです」という意味であることから，第 1 文の疑問文が「きみは誰に会いたいのですか？」という意味だと予想されます。さらに，第 2 文の目的語が meinen Freund と男性名詞 4 格の形であることから，動詞 treffen（会う）が

4 格目的語を取ると判断できるため，疑問詞 wer を 4 格の形に変化させる必要があります。したがって，正解は選択肢 **2** です。なお，選択肢 **1** を選んだ解答が 26.42% ありました。［正解率 44.56%］

（**3**）定冠詞類の変化形を問う問題です。選択肢で使用されている語から，問題文は「きみはその花瓶をこの戸棚の中に置けます。そこは空いています」という意味だと予想できます。前置詞 in は，動作が行われる「場所」，あるいは，人や事物がいる・ある「場所」を表す場合は 3 格を，「場所の移動」を表す場合は 4 格を支配します。第 1 文の動詞 stellen が「～を置く」を意味することから，花瓶（Vase）が元の場所から戸棚（Schrank）の中へ「移動」していると考えられます。したがって，正解は選択肢 **3** です。なお，選択肢 **2** を選んだ解答が 43.23% ありました。［正解率 36.64%］

（**4**）所有冠詞の変化形を問う問題です。選択肢で使用されている語から，問題文は「クリスティーナは友人たちに手紙を書く」という意味だと予想されます。動詞 schreiben が「～[3] に～[4] を書く」を意味し，einen Brief が男性名詞 4 格であることから，Freundinnen は 3 格であると判断できます。その際，Freundinnen が複数形であることに注意します。したがって，正解は選択肢 **3** です。なお，選択肢 **4** を選んだ解答が 38.27% ありました。［正解率 39.97%］

◇この問題は 12 点満点（配点 3 点×4）で，平均点は 5.90 点でした。

3 ここがポイント！

＊動詞の目的語の格を考え，代名詞や冠詞類を正しい形に変化させよう！
＊ 3 格も 4 格も支配する前置詞については，動詞との組み合わせから文の状況を想像しつつ，適切な格を選ぶようにしよう！

4 語順

正 解 （**1**） **1** （**2**） **3** （**3**） **3** （**4**） **3**

語順を問う問題です。動詞や話法の助動詞，接続詞の位置など，語順についての基本的な規則を覚えている必要があります。

（**1**）話法の助動詞の位置を問う問題です。話法の助動詞 müssen は主語の Enrico に合わせ，3 人称単数の muss になっています。文頭には前置詞句 für die

Prüfung（試験のために）が置かれています。人称変化させた話法の助動詞は文頭から2番目の位置に置きます。したがって，正解は選択肢**1**です。選択肢**2**を選んだ解答が18.73%ありましたが，選択肢**2**の位置はfür die PrüfungとEnricoの2要素より後ろであり，文頭から2番目の位置にあたりません。問題文は「試験のために，エンリコは毎日ドイツ語を勉強しなければならない」という意味です。［正解率76.17%］

(2) 前置詞の位置を問う問題です。mitは3格を支配する前置詞です。問題文のKäsekuchenとKaffeeはどちらも男性名詞で，einenという不定冠詞の形から4格であると判断できることから，これらの名詞の前にmitを置くことはできません。もっとも適切なのはMilchに結びつく選択肢**3**です。問題文は「私はチーズケーキとコーヒーをミルクを付けて注文する」という意味です。［正解率88.23%］

(3) 人称代名詞の位置を問う問題です。挿入するべき単語sieは，第1文のmeine Tanteを受けています。第2文では文頭に前置詞句am Wochenendeがあるため，その直後は文頭から2番目の位置となり，話法の助動詞wollenが人称変化したwillを置く必要があります。主語ichは，文頭でなければ，2番目の位置にある動詞の次に置きます。また，話法の助動詞を用いた文では，本動詞は不定詞の形で文末に置かれ，枠構造を作ります。したがって，正解は選択肢**3**です。問題文は「リューベックに私のおばが住んでいます。週末に私はおばを訪ねるつもりです」という意味です。選択肢**4**を選んだ解答が21.39%ありましたが，枠構造の外ですので，適切ではありません。［正解率58.92%］

(4) 副詞gernの位置を問う問題です。副詞gernは「〜するのが好きだ」という意味で，sehr（とても）と一緒に用いると「〜するのがとても好きだ」という意味になります。したがって，正解は選択肢**3**です。問題文は「私の父と私はサッカーの試合を見るのがとても好きだ」という意味です。なお，選択肢**4**を選んだ解答が22.13%ありました。［正解率56.99%］

◇この問題は12点満点（配点3点×4）で，平均点は8.42点でした。

4 ここがポイント！

＊平叙文では動詞や助動詞の定形は文の要素の 2 番目に置くという点に注意しよう！
＊前置詞の格支配や，名詞の格変化を表す定冠詞や不定冠詞の形を確認しよう！

5 語彙

正 解 (1) **1** (2) **1** (3) **3** (4) **1**

語彙力を問う問題です。文中の他の語句との関連や，完成させるべき文全体の意味に注意し，状況に応じた適切な語を選ぶ必要があります。

(**1**)「きみは両親の家に住んでいるの？」という問いに対する答えの一部を補う問題です。答えの文が Nein (いや) から始まっていることから，両親の家には住んでいないことがわかります。選択肢 **1** の allein は「一人きりで」，選択肢 **2** の einfach は「簡単な」，選択肢 **3** の einmal は「一度」，選択肢 **4** の zusammen は「一緒に」という意味です。このうち，答えとして成り立つのは選択肢 **1** の allein だけです。したがって，正解は選択肢 **1** です。完成した文は「いや，一人暮らしをしているんだ」という意味になります。選択肢 **3** を選んだ解答が 29.61% ありました。einmal には単数をあらわす ein という単語が含まれていますが，主に回数を意味する副詞として用いられます。[正解率 46.26%]

(**2**) 問題文は「冬に私はよくスキー (　　)」という意味です。空欄に入れるべき動詞と Ski を組み合わせて「スキーをする」という表現を完成させる必要があると予想されます。Ski と組み合わせて使える動詞は fahren です。したがって，正解は選択肢 **1** です。fahren は乗り物やスキーなどの道具を意味する無冠詞の名詞とともに用いられ，Auto fahren (車を運転する)，Ski fahren (スキーをする) といった表現が可能な動詞です。選択肢 **4** を選んだ解答が 39.82% ありました。spielen は，主にサッカーやテニスのような球技と組み合わせて使われる一方，スキーを含めたその他のスポーツ競技と組み合わせて使われることはありません。また，選択肢 **2** を選んだ解答が 32.42% ありました。gehen は essen (食べる) や einkaufen (買い物する) などの不定詞とともに用いられる場合には「～しに行く」という意味で用いることができますが，Ski のような名詞と直接組み合わせて「スキーに行く」と表現することはできません。[正解率 25.46%]

(3) 問題文は「これからどこへ行くの？ — 家に帰るよ」という意味になることが予想されます。選択肢はすべて行き先と組み合わせて用いることができる前置詞ですが，ここでは Haus[e]（家）という行き先に応じた前置詞を選択する必要があります。「帰宅する」という表現は nach Hause gehen です。したがって，正解は選択肢 **3** です。選択肢 **4** を選んだ解答が 48.33% ありました。zu は Haus と結びつくと，行き先ではなく居場所をあらわします。zu Hause sein（在宅している）も重要表現ですのでまとめて覚えておきましょう。なお，Haus は zu や nach などの後に置かれ 3 格になると昔の名残で語尾 -e をつけて用いられるのが一般的です。［正解率 40.41%］

(4) 問題文は「この近くに（　　）はありますか？ 私は熱があり薬が必要です」という意味です。選択肢 **1** の Apotheke は「薬局」，選択肢 **2** の Kirche は「教会」，選択肢 **3** の Oper は「オペラハウス」，選択肢 **4** の Schule は「学校」という意味です。第 2 文で「熱があり薬が必要です」と述べられていることから，空欄には薬を手に入れられる場所を補うのが適切です。したがって，正解は選択肢 **1** です。［正解率 76.17%］

◇この問題は 12 点満点（配点 3 点×4）で，平均点は 5.65 点でした。

5 ここがポイント！

＊中性名詞の国や地名，自宅が行き先になる場合には nach を使うなど，行き先に応じた前置詞を覚えておこう！

＊ Ski fahren のように特定の語の組み合わせとして定着している表現に注意しよう！

6 会話表現

正解　**(1)　2　(2)　2　(3)　4　(4)　4**

空欄に適切な表現を入れることにより，短い会話を完成させる問題です。文法的な知識に加えて，日常的な場面でよく用いられる慣用的表現の知識も求められます。

(1) **A** の発言「電車はいつ来ますか？」に対する返答として成り立つ表現を選ぶ問題です。選択肢 **1** は「1 時間」，選択肢 **2** は「5 分後」，選択肢 **3** は「ブレーメンへ」，選択肢 **4** は「3 日前」という意味です。選択肢 **3** 以外は時に関する表現ですが，選択肢 **1** は時間の長さ，選択肢 **2** は発話時点から少し経過した時刻，**4** は過去の日時です。これから到着する電車の時刻を表す表現として適切なのは選択肢 **2** です。したがって，正解は選択肢 **2** です。［正解率 82.61%］

（**2**）**A** の発言「バイバイ！ この後もよい一日を！」に対する **B** の返答「ありがとう」に続く一言として適切な表現を選ぶ問題です。選択肢 **1** は「親切な」，選択肢 **2** は「同様に」，選択肢 **3** は「幸運な」，選択肢 **4** は「良い」という意味です。**B** が Danke, gleichfalls! (ありがとう，きみもね！) と述べることで，**A** の発言に対して謝意を表すとともに **A** に対しても同様のことを願う会話として成立します。したがって，正解は選択肢 **2** です。同様の表現として Danke, dir auch! があります。選択肢 **1** と選択肢 **3** は **A** に対しても同様のことを願うという意味にはなりませんので不正解です。選択肢 **3** を選んだ解答が 43.75% ありましたが，glücklich 単独では相手に幸運を祈るという表現にはなりません。選択肢 **4** は Wie geht es Ihnen? (調子はいかがですか？) などの問いに対する答えとしては成り立ちますが，この問題の答えとしては適切ではありません。［正解率 31.46%］

（**3**）**A** の発言は「ああ，ごめんなさい！」という意味です。選択肢 **1** は「これで全部です」，選択肢 **2** は「それは知りません」，選択肢 **3** は「30 ユーロになります」，選択肢 **4** は「何でもありませんよ」という意味です。**A** の謝罪に対し，自然な問答を成り立たせることができるのは選択肢 **4** だけです。したがって，正解は選択肢 **4** です。選択肢 **1** を選んだ解答が 20.28% ありました。Das ist alles. は，買い物の際に店員に「何か他にご入用のものは？」と聞かれて返答する際などに用いる表現です。［正解率 56.55%］

（**4**）**B** の返答に合致するよう，**A** の疑問文を完成させる問題です。**B** は「私は今駅にいる」と述べています。選択肢はすべて疑問詞であり，選択肢 **1** の Wann は「いつ」，選択肢 **2** の Was は「何が，何を」，選択肢 **3** の Wohin は方向を尋ねる際に用いられ，「どこへ」，選択肢 **4** の Wo は場所を尋ねる際に用いられ，「どこに」という意味です。**B** の返答から，**A** は **B** の今いる場所を尋ねてるものと考えられますので，Wo を補うのが適切です。したがって，正解は選択肢 **4** です。完成した **A** の文は「きみはどこにいるの？」という意味になります。［正解率 73.43%］

◇この問題は 12 点満点（配点 3 点×4）で，平均点は 7.33 点でした。

6 ここがポイント！

＊日常会話でよく用いられる挨拶や慣用的表現を覚えよう！
＊疑問詞の種類と用法を確認しよう！

7 テキストの要点の理解（イラスト選択）

正解　(a) 4　(b) 3　(c) 6　(d) 5　(e) 1

ある街のツーリストインフォメーションの係員が観光客に街の見どころを説明している文章を読んで，内容と一致する絵を選ぶ問題です。

内容：

つまりですね，この街では絶対にお城をご覧にならなければなりません。ここの通りをずっとまっすぐに行ってください。そうすると，右手にサッカー場が見えます。サッカー場の裏にお城の入り口がございます。お城はとてもきれいですよ。きっとお気に召すでしょう。お城の庭園にはカフェがあります。そこでちょっと休憩することができますよ。

もしも芸術がお好きでしたら，美術館を訪れてみてください。美術館はここからすぐ近くの所にあります。あそこの教会が見えますか？ 美術館は教会の隣です。

おお，クラシック音楽をお聴きになりたいのですか？ 素晴らしい！ 今晩，コンサートホールでコンサートが開かれます。オーケストラがベートーベンの交響曲を演奏しますよ。コンサートホールは街の中心部にあります。地下鉄をご利用ください。地下鉄で，ここからわずか 5 分ほどですから。

ところで，晩ご飯にはレストラン「カカドゥ」をおすすめいたします。そのレストランはコンサートホールの向かい側にあります。そこでは魚料理をお試しください。本当にとてもおいしいですよ。

(a) は「サッカー場の裏には何がありますか？」という意味です。係員が街の見どころとして真っ先にお城をすすめており，お城への行き方を説明する中で，目印としてサッカー場を挙げています。サッカー場の裏にお城の入り口があると説明しているので，お城が描かれた選択肢 **4** が正解です。［正解率 83.86%］

(b) は「お城の庭園には何がありますか？」という意味です。お城への行き方について説明した後，お城の庭園にはカフェがあり，そこでちょっと休憩するこ

とができると言っていますので，カフェが描かれた選択肢 **3** が正解です。［正解率 98.37%］

（**c**）は「美術館の隣には何がありますか？」という意味です。係員は，観光客が芸術に興味があるならば，美術館を訪れるのがいいとして，美術館がすぐ近くにあることを説明しています。「あそこの教会が見えますか？」と示しながら，美術館は教会の隣であることを説明しているので，教会が描かれた選択肢 **6** が正解です。［正解率 89.27%］

（**d**）は「どうすれば速く街の中心部へ行くことができますか？」という意味です。観光客がクラシック音楽を聴きたいと知り，係員は街の中心部にあるコンサートホールで今晩コンサートがあることを説明した上で，街の中心部へは地下鉄を使うようすすめています。係員によれば，地下鉄を使えば街の中心部へはわずか 5 分ほどで行けるとのことですから，正解は地下鉄が描かれた選択肢 **5** です。［正解率 71.43%］

（**e**）は「レストランでは何を食べるのがよいですか？」という意味です。街の中心部にあるコンサートホールへ向かう観光客に対し，係員は晩ご飯のためのお店をすすめています。「カカドゥ」という名のレストランがコンサートホールの向かい側にあり，そこでは魚料理がとてもおいしいのでぜひ試してみるようにと言っています。したがって，魚料理が描かれた選択肢 **1** が正解です。［正解率 95.56%］

◇この問題は 15 点満点（配点 3 点×5）で，平均点は 13.16 点でした。

7 ここがポイント！

＊細かい場所や行き先，方向などを説明する上で，テキストでは前置詞が多く使われている。それぞれの意味，格支配などをしっかりと覚えよう！
＊長い文章を読む際には，段落ごとに意味のまとまりをしっかりとおさえ，その段落では何が話題になっているかを見失わないように注意しよう！

8 会話文理解

正解　（**a**）**8**　（**b**）**5**　（**c**）**2**　（**d**）**7**　（**e**）**4**

適切な選択肢の文を空欄に入れて，文脈的に自然な流れの会話文を完成させる問題です。選択肢の文の意味を理解するとともに，空欄の前後の文の意味も把握して，文脈を追いながら空欄に入れるべき選択肢を決定します。テキストは，ヨーナスとその友人で日本から初めてドイツに旅行に来ているカズオの会話です。最初に，会話文と選択肢の意味を確認します。

内容

カズオ：　ごめん，ヨーナス。ぼくちょっとお手洗いに行かなきゃ。

ヨーナス：わかったよ。デパートに行こうよ。そこにならトイレがあるよ。(**a**) きみはそのこと知っている？

カズオ：　ううん，知らない。他のヨーロッパの国々でもお金がかかるの？

ヨーナス：(**b**)

カズオ：　あっ，そうなの。日本では普通は無料なんだ。ドイツではいくらかかるの？

ヨーナス：(**c**) システムは簡単だよ。自動の機械に 50 セントを支払うと，トイレのドアが開くんだ。

カズオ：　おお，それは便利だね。今，残念ながら 1 ユーロ硬貨しか持っていないんだ。(**d**)

ヨーナス：うん，もちろんだよ。50 セント硬貨 2 枚を渡すね。はい，どうぞ。

カズオ：　ありがとう。(**e**)

ヨーナス：どういたしまして，問題ないよ。

1　うん，ヨーロッパでは無料なんだ。
2　たいていは 50 セントだよ。
3　ぼくに 100 ユーロください。
4　ご親切に。
5　うん，たいていはいくらか支払わなければならないよ。
6　また明日！
7　1 ユーロをくずしてくれる？
8　ドイツではお金がかかるんだ。

(**a**)：(**a**) に続いてヨーナスが言った「きみはそのこと知っている？」がヒントです。また，それに続いてカズオが「他のヨーロッパの国々でもお金がかかるの？」と言っていることから，トイレが有料かどうかという会話がなされていることがわかります。したがって，正解は会話の流れとして適切である選択肢 **8** の「ドイツではお金がかかるんだ」です。選択肢 **5** も適切なように思われますが，Ja（うん）で始まっていることから，選択肢 **5** の前には ja か nein で答える決定疑問

文が必要となります。[正解率 74.76%]

(**b**)：カズオが「他のヨーロッパの国々でもお金がかかるの？」と尋ね，それに対してヨーナスが (**b**) と答えています。カズオの質問が，定形の動詞が文頭に置かれた決定疑問文であるため，その後に続くヨーナスの答えは ja か nein で始まる文になります。選択肢 **1** と選択肢 **5** がその条件にあてはまりますが，選択肢 **1** の「うん，ヨーロッパでは無料なんだ」は内容的に適切ではありません。ja という答えの後には「他のヨーロッパの国々でもお金がかかる」という内容と意味的に一致する文が続かなければなりません。したがって，選択肢 **5** の「うん，たいていはいくらか支払わなければならないよ」が正解です。39.08% の解答が選択肢 **1** を選んでいました。Ja に続く文の内容も確認しましょう。[正解率 47.00%]

(**c**)：カズオが「ドイツではいくらかかるの？」と金額を尋ね，それに対する答えが (**c**) です。Wie viel kostet ... ? という金額を質問する表現を覚えましょう。カズオの質問に対するヨーナスの答えは，金額に関するものです。したがって，正解は選択肢 **2** の「たいていは 50 セントだよ」です。[正解率 74.24%]

(**d**)：カズオの「今，残念ながら 1 ユーロ硬貨しか持っていないんだ」に続く文が (**d**) です。(**d**) に続くヨーナスの答えは「うん，もちろんだよ。50 セント硬貨 2 枚を渡すね」であることから，1 ユーロ硬貨を 50 セント硬貨にくずしてほしいというやり取りがなされる必要があります。したがって，正解は選択肢 **7** の「1 ユーロをくずしてくれる？」です。wechseln の基本的な意味は「交換する」であり，この意味を理解できれば正解を導き出せますが，wechseln には転じて「両替する」や「(お金を) くずす」という意味もあることを覚えてください。[正解率 88.30%]

(**e**)：カズオが「ありがとう」と言った後に発するのが (**e**) です。(**e**) の後で，ヨーナスが「どういたしまして，問題ないよ」と答えます。選択肢の中で適切であるのは，「ご親切に」です。したがって，正解は選択肢 **4** の「ご親切に」です。この Das ist nett von dir. という表現は，何かをしてもらったときに「親切にしてくれてありがとう」という意味でよく使われます。23.54% の解答が選択肢 **6** を選んでいましたが，Bis morgen! は「また明日」の意味であり，ここでは内容的に適切ではありません。[正解率 68.02%]

◇この問題は 15 点満点 (配点 3 点×5) で，平均点は 10.58 点でした。

8 ここがポイント！

＊最初に，文全体の内容を把握しよう！
＊空欄の前後の文の種類に注意しよう！ 特に文頭に定形の動詞がある決定疑問文ならば，それに続く返答はja / nein / dochで始まる文であることが多く，疑問詞で始まる補足疑問文であれば，返答の文が疑問詞に対応する情報を含むことを手がかりとしよう！
＊Wie viel kostet ... ? (〜はいくらですか？) や Das ist nett von dir. (ご親切に)，Kein Problem! (問題ないよ) といった，会話で頻繁に使用される表現を覚えよう！

9 テキストの正確な理解（日本語文選択）

正解 **1，2，5，7** (順序は問いません)

ある程度の長さのまとまったテキストを読み，その要点を正しく理解できるかどうかを問う問題です。テキスト中の表現を正確に読み解いた上で，選択肢の内容の正誤を判断することが求められます。

内容：

私の名前はイサベルです。スペインのバルセロナ出身です。私は22歳で経済学を学んでいます。フランクフルトに留学に来て，3ヶ月になります。ここで2学期勉強して，その後はフランクフルトで働きたいと考えています。

通常，私は8時半に大学へ行き，夕方5時に帰宅します。ゼミや講義は毎日あるわけではありません。それでもほとんど毎日大学の図書館へ出かけます。なぜなら，ゼミに参加するためにはたくさん勉強しなくてはならないからです。週末はたいてい自宅で過ごしますが，時々は映画を観に出かけます。なぜなら，映画を見るのがとても好きだからです。私はとても忙しいのですが，ここでの生活は楽しいです。

ここにはたくさんの友達もいます。特によく会うのは，友達のタニャです。彼女は芸術学を専攻していて，スペイン語を勉強しています。カフェで私たちはドイツ語でだけではなく，スペイン語でもたくさん話をします。なぜなら，彼女は来年バルセロナに留学したいと考えているからです。学期の間の休みに私は彼女と一緒にスペインへ行って，私の故郷を見せてあげたいです。私は今からそれを楽しみにしています。

【語彙】 Wirtschaft: 経済学　seit drei Monaten: 〜して3ヶ月になる　normalerweise: 通常は，ふつうは　zur Uni gehen: 大学へ行く　zurück|kommen: 戻る，帰ってくる　jeden Tag: 毎日　Seminar: ゼミ　Vorlesung: 講義　trotzdem: それにもかかわらず　Uni-Bibliothek: 大学図書館　beschäftigt: 忙しい，多忙な　Spaß machen: 楽しい　Kunst: 芸術，芸術学　nächstes Jahr: 来年　Semesterferien: 学期の間の休み　Heimat: 故郷

選択肢 **1** は，本文第 2 〜 3 行「私はここ (フランクフルト) で 2 学期勉強します」と合致するので，正解です。[正解率 80.16%] 選択肢 **2** は，本文第 3 〜 4 行「その後はフランクフルトで働きたいと考えています」に合致するので，正解です。[正解率 89.56%] 選択肢 **3** は，本文第 6 行に nicht jeden Tag とあり，「ゼミや講義は毎日あるわけではありません」と矛盾するので，不正解です。選択肢 **4** は，本文第 7 行に「それでもほとんど毎日大学の図書館へ出かけます」とあり，テキストの内容に合致しないため，不正解です。選択肢 **5** は，本文第 8 〜 9 行「週末はたいてい自宅で過ごしますが，時々は映画を観に出かけます」に合致するので正解です。[正解率 92.60%] 選択肢 **6** は，本文第 12 〜 13 行「カフェで私たちはドイツ語でだけではなく，スペイン語でもたくさん話をします」と矛盾するので，不正解です。選択肢 **7** は，本文第 13 〜 14 行「なぜなら，彼女は来年バルセロナに留学したいと考えているからです」と合致するので，正解です。[正解率 91.86%] 選択肢 **8** は，本文第 14 〜 15 行「学期の間の休みに私は彼女と一緒にスペインへ行って，私の故郷を見せてあげたいです」とあります。旅行先はドイツではないので，不正解です。

◇この問題は 12 点満点 (配点 3 点×4) で，平均点は 10.63 点でした。

9 ここがポイント！

＊テキスト全体の流れをよく把握し，重要なキーワードに注意して，テキストの内容を読み取ろう！
＊接続詞や代名詞に注意して，文章を読み解こう！
＊わからない単語があっても，全体の文章の流れから内容を推測して読もう！

【聞き取り試験】

第1部 会話表現理解（流れが自然なものを選択）

正解 (1) **2** (2) **1** (3) **2** (4) **3**

放送された4通りの短い会話を聞き，流れが最も自然であるものを選ぶ問題です。文字や絵などの視覚情報を手がかりとすることなく，質問などの発話とそれに続く発話を正確に聞き取った上で，相互の内容的なつながりを確認する必要があります。また，そのためには，イントネーション，アクセント，個々の母音や子音の発音などに関する適切な理解も求められます。

なお，4通りの会話において，先行する発話の部分は全て同じです。以下では，最初にこの共通部分を，次いで後続する4通りの発話の部分を示します。

放送 問題**1**: Was möchtest du trinken?

選択肢: **1** Danke, ich trinke zwei.
2 Ich trinke einen Wein.
3 Ich trinke immer um zwölf.
4 Ich möchte ein Eis.

「きみは何を飲みたいの？」という質問に対して，選択肢**1**では「ありがとう，私は2杯飲みます」，選択肢**2**では「私はワインを1杯飲みます」，選択肢**3**では「私はいつも12時に飲みます」，選択肢**4**では「私はアイスクリームが一つ欲しいです」と答えています。選択肢**1**，選択肢**3**，選択肢**4**は「何を飲みたいのか」という質問への返答として自然ではないのに対し，選択肢**2**は「ワインを1杯飲みたい」という意味から，「何を」と「飲みたいか」のどちらの問いにも自然に返答できています。したがって，正解は選択肢**2**です。なお，選択肢**4**を選んだ解答が19.99％ありました。[正解率75.50％]

放送 問題**2**: Müssen Sie morgen um sechs Uhr aufstehen?

選択肢: **1** Ja, genau.
2 Ja, sehr gerne.
3 Nein, danke.
4 Nein, heute nicht.

「あなたは明日6時に起きなければならないのですか？」という質問に対して，

選択肢 **1** では「はい，その通りです」，選択肢 **2** では「はい，喜んで」，選択肢 **3** では「いいえ，結構です」，選択肢 **4** では「いいえ，今日ではありません」と答えています。「明日 6 時に起きるのか」という質問に対する返答として選択肢 **2**, 選択肢 **3**, 選択肢 **4** は適切でないのに対し，選択肢 **1** だけが自然な返答となっています。したがって，正解は選択肢 **1** です。なお，選択肢 **4** を選んだ解答が 34.34% ありました。［正解率 44.93%］

放送 問題 **3**: Wer spricht mit Paula?

選択肢:
1 Ich spreche Deutsch.
2 Martin spricht mit ihr.
3 Paula ist meine Schwester.
4 Sie spielt gern Klavier.

「誰がパウラと話していますか？」という質問に対して，選択肢 **1** では「私はドイツ語を話します」，選択肢 **2** では「マーティンが彼女と話しています」，選択肢 **3** では「パウラは私の姉（または妹）です」，選択肢 **4** では「彼女はピアノを弾くのが好きです」と答えています。「誰がパウラと話しているのか」という質問に対する適切な返答は選択肢 **2** だけです。したがって，正解は選択肢 **2** です。なお，選択肢 **4** を選んだ解答が 17.91% ありました。［正解率 50.33%］

放送 問題 **4**: Wohin wollen wir fahren?

選択肢:
1 Aus Berlin.
2 Hamburg ist groß.
3 Nach München.
4 Wir fahren mit dem Bus.

「私たちはどこへ行く予定ですか？」という質問に対して，選択肢 **1** では「ベルリンからです」，選択肢 **2** では「ハンブルクは大きいです」，選択肢 **3** では「ミュンヘンまでです」，選択肢 **4** では「私たちはバスで行きます」と答えています。行く先を尋ねている質問に対する返答となり得るのは選択肢 **3** だけです。したがって，正解は選択肢 **3** です。なお，選択肢 **4** を選んだ解答が 15.03% ありましたが，移動手段を尋ねる場合は，疑問詞 wie を用います。［正解率 69.95%］

◇この問題は 12 点満点（配点 3 点×4）で，平均点は 7.22 点でした。

第1部 ここがポイント！ / 解説のまとめ

＊疑問詞がついた疑問文を聞き取る場合は，文頭に来る語を注意深く聞こう！

＊時を表す語句が疑問文にある場合，返答文の内容がその時の語句に適合するか否か注意しよう！

第2部 テキストの重要情報の聞き取りと記述

正解 (5) 78　(6) Tisch　(7) 3　(8) morgen

放送された会話を聞き，その内容に関する質問に単語や数字で答える問題です。質問もドイツ語で放送されます。

放送

A: Sarah, dieses Regal ist schön. Wie findest du es?

B: Das finde ich sehr schön. Was kostet es?

A: 78 Euro.

B: Das ist nicht so teuer. Dann nehmen wir das Regal. Brauchen wir noch etwas?

A: Ja, wir brauchen noch einen Tisch und ein Sofa.

B: Michael, ich bin müde und habe Hunger.

A: Das kann ich gut verstehen. Ich habe auch Hunger. Wir sind schon seit drei Stunden hier im Kaufhaus.

B: Schon seit drei Stunden? Die Zeit geht so schnell vorbei. Heute gehen wir nach Hause. Und morgen kommen wir wieder.

A: Mh, gute Idee.

内容

A: ザーラー，この棚すてきだね。どう思う？

B: とてもすてきだと思う。それはいくら？

A: 78ユーロだよ。

B: そんなに高くないね。それじゃあその棚にしよう。まだ必要なものある？

A: うん，まだ机とソファーが必要だよ。

B: ミヒャエル，私疲れてるし，おなかがすいた。

A: それはよくわかるよ。ぼくもおなかがすいてる。もう3時間も前からここのデパートにいるもんね。

B: もう3時間も前から? 時間がたつのは早いね。今日は家に帰ろう。そして明日もう一度来ようよ。

A: んー, いい考えだね。

【語彙】 vorbei|gehen: 過ぎ去る gute Idee: いい考え nach Hause gehen: 帰宅する

放送 問題**5**: Was kostet das Regal?

質問は「その棚はいくらですか?」という意味です。ザーラー (**B**) の第1発言の「それ (棚) はいくら?」という質問に対し, ミヒャエル (**A**) は「78ユーロだよ」と答えています。解答用紙にはDas Regal kostet □□ Euro. (棚は□□ユーロです) と記載されているため, 所定欄に棚の値段である2桁の数字78を記入するのが適切です。したがって, 正解は**78**です。[正解率69.13%]

放送 問題**6**: Was brauchen Sarah und Michael noch?

質問は「ザーラーとミヒャエルはまだ何を必要としていますか?」という意味です。ザーラー (**B**) は第2発言で「まだ必要なものある?」と聞いています。それに対しミヒャエル (**A**) は「うん, まだ机とソファーが必要だよ」と答えています。解答用紙にはSie brauchen noch einen ________ und ein Sofa. (彼らはまだ________とソファーを必要としています) と記載されています。「ソファー」(Sofa) はすでに明記されているため, 「机」に相当する語を書き取る必要があります。したがって, 正解は**Tisch**です。母音iがü, ä, uになっている, あるいはschがshになっているつづり間違いが多く見られました。また, 語頭が小文字書きの解答もありました。ドイツ語では名詞は大文字で書き始めることに注意しましょう。[正解率54.22%]

放送 問題**7**: Seit wann sind sie im Kaufhaus?

質問は「彼らはいつからデパートにいますか?」という意味です。ミヒャエル (**A**) は第4発言で「もう3時間も前からここのデパートにいるもんね」と述べ, それに驚いたザーラー (**B**) が「もう3時間も前から?」と繰り返しています。解答用紙のSeit □ Stunden. (□時間前から) の空欄には滞在時間をあらわす1桁の数字3を記入するのが適切です。したがって, 正解は**3**です。[正解率96.23%]

放送 問題**8**: Wann kommen sie wieder ins Kaufhaus?

質問は「彼らはいつまたデパートに来ますか?」という意味です。ザーラー (**B**)

は第4発言で「そして明日もう一度来ましょう」と言っています。解答用紙には Sie kommen ________ wieder.（彼らは________また来ます）と記載されています。したがって，正解は **morgen** です。なお，語頭を大文字で Morgen と書いた解答がありましたが，文頭以外でも大文字で書き始めると副詞の「明日」ではなく名詞の「朝」という意味になりますので不正解です。また，ザーラーの発言では Morgen kommen wir wieder. と，kommen の後に wir があるのでその語順通りに wir と書き取った解答もありました。問題文で wann（いつ）という疑問詞が使われていますので，語順にとらわれず「時」にしぼって聞き取ることが肝要です。［正解率 41.81%］

◇この問題は 16 点満点（配点 4 点×4）で，平均点は 10.46 点でした。

第2部 ここがポイント！

＊単語のつづりはしっかりと覚えよう！ 特に Englisch，Schule，Tisch など sch という三つの子音の組み合わせを含む単語は，Tish などと c を抜かして書かないように気をつけよう。
＊ドイツ語では，名詞は文頭・文中を問わず大文字で書き始めることに注意しよう！ また morgen と Morgen のように同じつづりでも品詞や意味がことなる単語に気をつけよう。
＊数字は注意深く聞き取ろう！

第3部 短い文章／会話文の聞き取り

正解 **(9) 1 (10) 2 (11) 2**

放送された短いテキストを聞き，その内容を表すのに最も適した絵を「解答の手引き」から選択する問題です。正確な聞き取り能力が求められます。

放送 問題 **9**: Ich kann heute nicht zur Schule gehen. Mein Kopf tut sehr weh. Ich bleibe lieber zu Hause.

内容： 今日私は学校に行けません。頭がとても痛いです。家にいたいです。

頭痛の様子を表している選択肢 **1** が正解です。この問題では，「頭が痛い」という意味の Mein Kopf tut weh. という表現を聞き取ることが重要です。痛みがあることを訴える weh tun という表現では，身体部位が主語になる点に注意してください。［正解率 72.69%］

放 送　問題 **10**:　Zu Mittag esse ich Bratwurst und trinke ein Glas Bier.

内容：　昼食に私は焼きソーセージを食べ，グラス 1 杯のビールを飲みます。

この問題では，昼食に食べるものと飲むものの両方を聞き分けることになります。イラストには，焼きソーセージとローストチキン，飲み物としてビールとワインが描かれています。焼きソーセージとビールが描かれている選択肢 **2** が正解です。［正解率 76.09%］

放 送　問題 **11**:　Heute Abend gehe ich auf eine Party. Ich trage ein Kleid und einen Mantel.

内容：　今晩私はパーティーに行きます。ドレスとコートを着て行きます。

この問題ではパーティーで身につける衣服などを聞き分ける必要があります。イラストから，ドレスまたはスカート，帽子またはコートが問題になっているとわかります。ドレスとコートが描かれている選択肢 **2** が正解です。［正解率 79.57%］

◇この問題は 9 点満点 (配点 3 点×3) で，平均点は 6.86 点でした。

第3部 ここがポイント！

＊イラストに関わる数やキーワードを正しく聞き取ろう！

＊日頃から日常生活に関わるさまざまな語 (食べ物，衣服など) に触れて語彙力を身につけ，その発音もできるようにしよう！

3 級

3 級 (Grundstufe)
検定基準

■ドイツ語の初級文法全般にわたる知識を前提に，簡単な会話や文章が理解できる。

■基本的なドイツ語を理解し，ほとんどの身近な場面に対応できる。
簡単な内容のコラムや記事などの文章を読むことができる。
短い文章の内容を聞き，簡単な質問に答え，重要な語句や数字を書き取ることができる。

■対象は，ドイツ語の授業を約 120 時間 (90 分授業で 80 回) 以上受講しているか，これと同じ程度の学習経験のある人。

2021 年度 夏期 ドイツ語技能検定試験

3 級

筆記試験　問題

（試験時間　60 分）

出題は新しい正書法（単語のつづり方などに関する規則）に従います。解答は新旧いずれの方式でも認めます。

―――注　　意―――

■受験票と机の上の受験番号が同じであることを確認してください。

■携帯電話，スマートフォン，スマートウォッチ等の電子機器類は電源を切り，カバン等にしまってください。机の上に置いてはいけません。

■中途退場は認めません。退場は試験放棄となります。

①問題冊子は試験開始の合図があるまで，開いてはいけません。

②問題冊子は表紙・裏表紙を含めて 8 ページあります。
余白は下書き・メモ用に使ってかまいません。

③試験監督者の指示に従って，解答用紙の所定の欄に，受験番号・氏名を記入してください。

④解答は黒の HB の鉛筆で強めに記入してください。
書き直す場合には，消しゴムできれいに消してから記入してください。

⑤解答はすべて解答用紙の指定された箇所に記入してください。

⑥記入する数字は，下記の見本に従って書いてください。

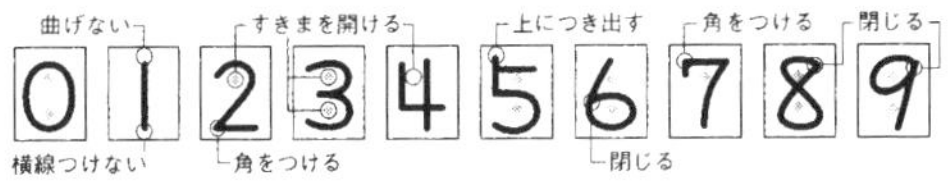

■試験が終わっても，指示があるまで席を立たないでください。

■解答用紙は持ち帰ってはいけません。

■この問題冊子の無断転載，無断複製を禁じます。

1　次の (1) ～ (4) の条件にあてはまるものが各組に一つあります。それを下の 1 ～ 4 から選び，その番号を解答欄に記入しなさい。

(1)　下線部の発音が他と異なる。

1　Anfrage　　2　Garage　　3　Gebirge　　4　Kollege

(2)　下線部にアクセント（強勢）がある。

1　genau　　2　gerade　　3　gestern　　4　gesund

(3)　下線部が短く発音される。

1　deswegen　　2　Heimweg　　3　unterwegs　　4　weggehen

(4)　問い A に対する答え B の下線の語のうち，通常最も強調して発音される。

A: Möchten Sie noch ein Stück Kuchen?

B: Nein, danke. Aber ich nehme noch Kaffee.

1　ich　　2　nehme　　3　noch　　4　Kaffee

2　次の (1) ～ (4) の文で（　　）の中に入れるのに最も適切なものを下の 1 ～ 4 から選び，その番号を解答欄に記入しなさい。

(1)　Die Schülerin hat ihre Gastfamilie (　　) ihre Ankunft informiert.

1　auf　　2　gegen　　3　über　　4　um

(2)　Ich muss mich bei Ihnen (　　) die Verspätung entschuldigen.

1　an　　2　auf　　3　für　　4　um

(3)　Die Architektin wollte ihren Assistenten (　　) Hilfe bitten.

1　an　　2　auf　　3　für　　4　um

(4)　Am Freitag habe ich Geburtstag und gebe (　　) mir zu Hause eine Party.

1　an　　2　bei　　3　neben　　4　zu

3 次の (1) ~ (4) の文で（　　）の中に入れるのに最も適切なものを下の 1 ~ 4 から選び、その番号を解答欄に記入しなさい。

(1) Um wie viel Uhr bist du heute (　　)?
1 aufstehst　2 aufstand　3 aufgestanden　4 aufstehen

(2) Wegen der Baustelle (　　) die Straße seit gestern gesperrt.
1 hat　2 ist　3 lässt　4 muss

(3) Herr Fischer hat vor, im nächsten Monat in der Schweiz Urlaub (　　).
1 machen　2 macht　3 gemacht　4 zu machen

(4) (　　) Sie bitte das Fenster öffnen?
1 Hätten　2 Könnten　3 Sollten　4 Wären

4 次の (1) ~ (4) の文で（　　）の中に入れるのに最も適切なものを下の 1 ~ 4 から選び、その番号を解答欄に記入しなさい。

(1) Mein Sohn hat sich leicht erkältet. (　　) tut der Hals weh.
1 Er　2 Ihm　3 Ihn　4 Sich

(2) Ich kenne eine junge Autorin, (　　) Vater auch als Schriftsteller bekannt ist.
1 deren　2 dessen　3 ihr　4 mein

(3) Ich bin jetzt sehr müde, (　　) ich gestern die ganze Nacht gelernt habe.
1 denn　2 deshalb　3 obwohl　4 weil

(4) Ich erklärte ihnen, (　　) der fremde Mann aussah.
1 als　2 was　3 wenn　4 wie

5 次の (1) ～ (4) の文で (　　) の中に入れるのに最も適切なものを下の 1 ～ 4 から選び，その番号を解答欄に記入しなさい。

(1) Je mehr Sprachen du sprichst, (　　) größer wird deine Welt.
1 desto　2 immer　3 noch　4 viel

(2) Wenn ihr ein Wort nicht kennt, könnt ihr es im Wörterbuch (　　).
1 nachdenken　2 nachfragen　3 nachholen　4 nachschlagen

(3) Sehr geehrte Fahrgäste, unser Zug hat eine (　　) von dreißig Minuten.
1 Achtung　2 Anmeldung　3 Ordnung　4 Verspätung

(4) Wo ist mein Schlüssel? In meiner Tasche ist alles (　　).
1 durcheinander　2 ineinander　3 miteinander　4 voneinander

6 次の文章は，Martina がギムナジウムの同窓生に宛てたメールです。このメールを読んで，(1) ～ (3) の問いに答えなさい。

Liebe Mitschülerinnen und Mitschüler,

vor 20 Jahren haben wir, vierzig Mädchen und fünfzig Jungen des Kästner-Gymnasiums, unser Abitur gemacht. In dieser langen Zeit ist viel passiert. Wer ist verheiratet? Wer ist aus der Heimat weggezogen? Wer wohnt im Ausland? Wer hat einen interessanten Job gefunden? (A)Seid ihr auch neugierig? Ich schlage vor, wir machen ein Klassentreffen.

Das Treffen findet am Samstag, dem 16. März, um 20 Uhr im Gasthof „Zum Hirsch" statt. Ich hoffe, dass viele von euch kommen können. Ruft mich an oder schickt mir eine Mail. Ich wäre sehr dankbar, wenn ihr mir bis Ende Januar Bescheid sagt. Ich habe übrigens auch unsere alten Lehrerinnen und Lehrer zum Treffen eingeladen.

Zum Schluss noch eine Frage: Ich brauche noch die Adressen einer Mitschülerin und eines Mitschülers. Wer weiß etwas über Ursula Neumann und Tobias Ranke? Über (**B**) würde ich mich freuen.

Ich freue mich auf eure Antworten.
Viele Grüße
Eure frühere Mitschülerin Martina Bauer

(1) 下線部(**A**)を言い換えた時に最も近い意味になるものを下の **1** ～ **3** から選び，その番号を解答欄に記入しなさい。

1 Wollt ihr auch einen interessanten Job haben?

2 Möchtet ihr das auch wissen?

3 Seid ihr auch nervös?

(2) 空欄部 **(B)** に入れるのに最も適切なものを下の **1** ～ **4** から選び，その番号を解答欄に記入しなさい。

1 Themen

2 Fragen

3 Informationen

4 Namen

(3) 本文全体の内容に合うものを下の **1** ～ **5** から二つ選び，その番号を解答欄に記入しなさい。ただし，番号の順序は問いません。

1 Im Kästner-Gymnasium haben vor 20 Jahren insgesamt 90 Schülerinnen und Schüler Abitur gemacht.

2 Martina schlägt einen interessanten Job vor.

3 Das Treffen findet im Januar statt.

4 Zum Treffen sind keine Lehrer eingeladen.

5 Martina kennt die Adressen von Ursula und Tobias nicht.

7 次のカフェテリアでのLeaとSebastianの会話が完成するように，空欄（ **a** ）～（ **e** ）の中に入れるのに最も適切なものを下の**1**～**8**から選び，その番号を解答欄に記入しなさい。

Lea: Hast du am Samstag schon etwas vor, Sebastian?

Sebastian: An diesem? Nein, noch nichts. Warum fragst du?

Lea: Ich möchte ins Ludwig-Museum gehen. Hast du Lust mitzukommen? (**a**)

Sebastian: Hm, stimmt. (**b**)

Lea: Das Museum besitzt sehr viele Gemälde, Keramiken und Skulpturen von Pablo Picasso. (**c**) Heute kann man sie sich online auch zu Hause anschauen, aber ich würde sie gerne mal aus der Nähe betrachten.

Sebastian: Was, so viele Werke von Picasso? Das wusste ich gar nicht. Ich dachte, das Museum ist bekannt für moderne Künstler. Ich komme auf alle Fälle mit.

Lea: Wunderbar. Also, der Eintritt kostet mit Ermäßigung für Studenten 7,50 Euro. Wir können uns zuerst in Ruhe im Museum umschauen. (**d**)

Sebastian: Super Idee. (**e**)

Lea: Um 10 Uhr direkt vor dem Museum, wäre das für dich in Ordnung? Im Museumsgebäude gibt es auch ein Café-Restaurant, dort können wir etwas essen.

Sebastian: Gut, dann machen wir das so.

1 Hast du überhaupt Lust?

2 Du interessierst dich doch für Kunst.

3 Wollen wir gemeinsam einen Theaterkurs besuchen?

4 Wann und wo treffen wir uns?

5 Und was gibt es dort zu sehen?

6 Dann muss ich leider gehen, weil ich noch zu meiner Tante fahre.

7 Es ist sogar die drittgrößte Sammlung der Welt.

8 Danach können wir am Rhein spazieren gehen, wenn das Wetter schön ist und wir noch Zeit haben.

8 プラスチックゴミ（Plastikmüll）に関する次の文章を読んで，内容に合うものを下の **1** ～ **8** から四つ選び，その番号を解答欄に記入しなさい。ただし，番号の順序は問いません。

Die Menschen produzieren sehr viel Müll. Viel davon ist aus Plastik. Forscher haben in letzter Zeit untersucht, wie viel von diesem Müll jedes Jahr ins Meer kommt. Wenn man den gesamten Plastikmüll eines Jahres z. B. in einhundert riesige Müllwagen laden würde, dann würden mindestens zwei dieser Müllwagen voll mit Plastikmüll die Meere erreichen, vielleicht sogar fünf. Das heißt, dass sehr viel Müll unsere Meere verschmutzt.

Der Müll im Meer kommt vor allem aus Ländern, die anders als Deutschland nicht so streng mit Müll umgehen. In Deutschland wird das alte Plastik eingesammelt und verbrannt oder für neue Sachen verwendet. Aber in vielen anderen Ländern wird der Müll einfach auf einen Platz außerhalb der Städte gebracht, wo dann ein großer Berg aus diesem Müll entsteht. Viele Menschen werfen ihren Müll sogar einfach hinters Haus. Der Wind trägt dann einen Teil des Mülls weg, oder der Müll wird vom Regen in die Flüsse transportiert und erreicht so die Ozeane. Der Müll schwimmt im Meer umher oder sinkt auf den Meeresboden.

Immer wieder schlucken Tiere auch kleine Plastikteile und sterben daran. Forscher denken außerdem, dass aus dem Plastik giftige chemische Substanzen ins Meer kommen und dadurch das Wasser verschmutzt wird. Im Moment weiß noch niemand, wie gefährlich das ist. Das muss noch untersucht werden. Politiker und Wissenschaftler versuchen jetzt, Lösungen für das Problem zu finden.

1 ドイツで捨てられるプラスチックゴミのうち，年間トラック約 100 台分が海に投棄される。
2 多くの国でも，ドイツ同様，ゴミの処理が厳しく管理されている。
3 多くの国では，郊外に大量のゴミが山積みにされている。
4 放置されたゴミは，風や雨によって別の場所に運ばれる。
5 人々がゴミを無造作に捨てるので，海にもゴミが流入してしまう。
6 海に集まったプラスチックゴミは，ずっと海面に浮いたままである。
7 動物がプラスチック破片を飲み込んで死んでしまうことが繰り返されている。
8 研究者によって，プラスチックから溶け出す化学物質がどの程度危険か明らかにされた。

3級

2021年度 夏期 ドイツ語技能検定試験

筆記試験 解答用紙

受 験 番 号	氏　　　名
2 1 S	

手書き数字見本

曲げない　すきまを開ける　上につき出す　角をつける　閉じる

0 1 2 3 4 5 6 7 8 9

横線つけない　角をつける　閉じる

1

(1) (2) (3) (4)

2

(1) (2) (3) (4)

3

(1) (2) (3) (4)

4

(1) (2) (3) (4)

5

(1) (2) (3) (4)

6
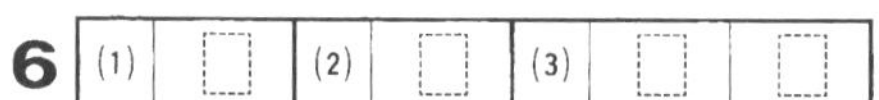
(1) (2) (3)

7
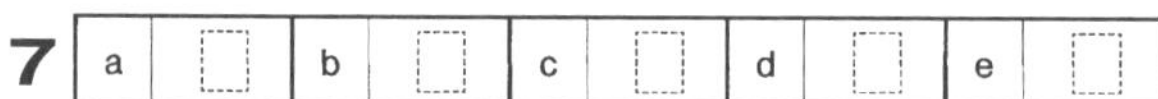
a b c d e

8

17

2021 年度 夏期 ドイツ語技能検定試験

3 級

聞き取り試験　解答の手引き

（試験時間　約 25 分）

出題は新しい正書法（単語のつづり方などに関する規則）に従います。解答は新旧いずれの方式でも認めます。

――注　意――

■受験票と机の上の受験番号が同じであることを確認してください。

■携帯電話，スマートフォン，スマートウォッチ等の電子機器類は電源を切り，カバン等にしまってください。机の上に置いてはいけません。

■中途退場は認めません。

①指示があるまでページを開いてはいけません。

②聞き取り試験は 3 部から成り立っています。

③試験監督者の指示に従って，解答用紙の所定の欄に，受験番号・氏名を記入してください。

④放送の指示でページを開き，解答のしかたをよく読んでください。

⑤解答は黒の HB の鉛筆で強めに記入してください。

書き直す場合には，消しゴムできれいに消してから記入してください。

⑥**解答はすべて試験時間内に解答用紙の指定された箇所に記入してください。**

⑦記入する数字は，下記の見本に従って書いてください。

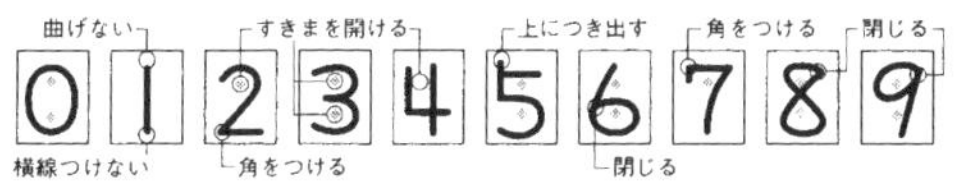

⑧アルファベットは大文字と小文字の判別ができるようにはっきりと書いてください。

■試験が終わっても，指示があるまで席を立たないでください。

■解答用紙は持ち帰ってはいけません。

■この問題冊子の無断転載，無断複製を禁じます。

18

第 1 部　Erster Teil

1. 第 1 部は問題（**1**）から（**3**）まであります。
2. ドイツ語の短い会話を 2 回放送します。
3. 設問の答えとして最も適切なものを選択肢 **1** ～ **4** から選び，その番号を解答用紙の所定の欄に記入してください。
4. メモは自由にとってかまいません。

（**1**） Was isst Lars heute zum Frühstück?

1 Er isst Brötchen mit Butter und Honig.
2 Er isst Brötchen ohne Butter und mit Honig.
3 Er isst Brötchen mit Butter und Marmelade.
4 Er isst Brötchen ohne Butter und mit Marmelade.

（**2**） Von welchem Gleis fährt der Zug um 12.35 Uhr ab?

1 Er fährt von Gleis 2 ab.
2 Er fährt von Gleis 3 ab.
3 Er fährt von Gleis 11 ab.
4 Er fährt von Gleis 12 ab.

（**3**） Hat Lukas den Krimi gelesen?

1 Ja, er hat ihn schon gelesen.
2 Nein, aber er will ihn später lesen.
3 Nein, aber er liest ihn jetzt gerade.
4 Nein, er hat ihn noch nicht gelesen.

19

第 2 部　Zweiter Teil

1. 第 2 部は，問題（**4**）から（**6**）まであります。
2. まずドイツ語の文章を放送します。
3. 次に，内容についての質問を読みます。間隔を置いてもう一度放送します。
4. 質問に対する答えとして最も適切な絵をそれぞれ **1** ～ **3** から選び，その番号を解答用紙の所定の欄に記入してください。
5. 以下，同じ要領で問題（**6**）まで順次進みます。
6. 最後に，問題（**4**）から（**6**）までの文章と質問をもう一度通して放送します。
7. メモは自由にとってかまいません。

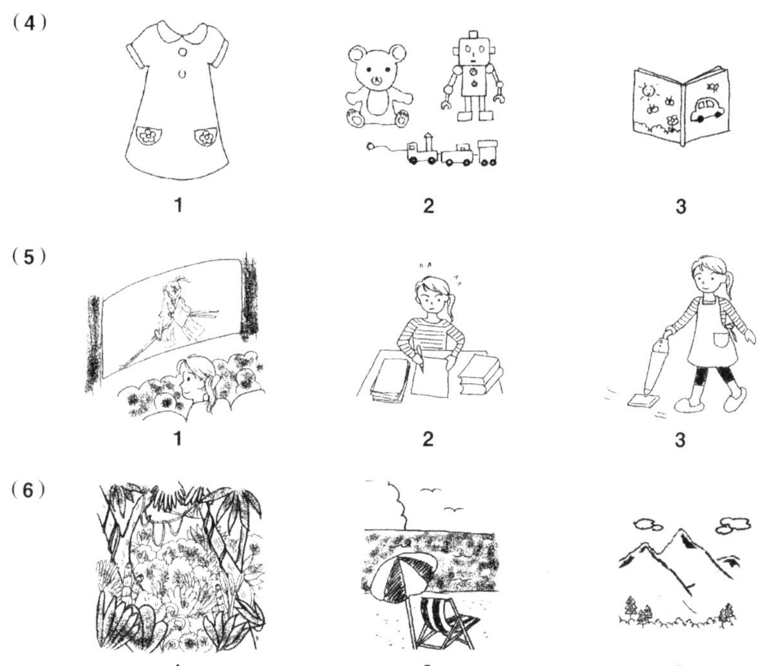

20

第 3 部　Dritter Teil

1. 第 3 部は，問題（**7**）から（**10**）まであります。
2. まずドイツ語の会話を放送します。それに続き，この会話の内容に関する質問（**7**）～（**10**）を読みます。
3. そのあと，約 30 秒の間をおいてから，同じ会話をもう一度放送します。
4. 次に質問（**7**）～（**10**）をもう一度読みます。
5. 質問に対する答えとして，（**7**），（**8**）には適切な一語を，（**9**），（**10**）には算用数字を解答用紙の所定の欄に記入してください。なお，単語は大文字と小文字をはっきり区別して書いてください。
6. メモは自由にとってかまいません。
7. 質問（**10**）の放送のあと，およそ 1 分後に試験終了のアナウンスがあります。試験監督者が解答用紙を集め終わるまで席を離れないでください。

（**7**）　Er steht im ____________.

（**8**）　Der Fernseher ____________ nicht.

（**9**）　Das Fußballspiel beginnt um □□ Uhr.

（**10**）　Er ist □ Jahre alt.

3級　# 2021年度 夏期 ドイツ語技能検定試験

聞き取り試験 解答用紙

受 験 番 号	氏　　　名
21S	

手書き数字見本
曲げない　すきまを開ける　上につき出す　角をつける　閉じる
0 1 2 3 4 5 6 7 8 9
横線つけない　角をつける　閉じる

【第 1 部】

(1)		(2)		(3)	

【第 2 部】

(4)		(5)		(6)	

【第 3 部】

(7) Er steht im ______________________ .

採点欄

(8) Der Fernseher ________________________ nicht.

採点欄

(9) Das Fußballspiel beginnt um ☐☐ Uhr.

(10) Er ist ☐ Jahre alt.

夏期《3級》　ヒントと正解

【筆 記 試 験】

1 発音とアクセント

正解　(1)　2　(2)　3　(3)　4　(4)　4

発音とアクセントの位置，母音の長短，そして文を読む際の強調箇所に関する問題です。発音の基本的な規則の他に，特殊な読み方をする外来語などについての知識が必要です。

(1) 子音字 g の発音に関する問題です。子音字 g は，語末や音節末に位置しているときは原則として無声音の [k] で発音されます。それ以外の場合は有声音の [g] となります。しかし，外来語においてはこの原則があてはまらないことが多くあります。選択肢 **1** の Anfrage（問い合わせ），選択肢 **3** の Gebirge（山岳），選択肢 **4** の Kollege（同僚）の下線部 g は有声音の [g] で発音されます。それに対し，選択肢 **2** の Garage（車庫）はフランス語からの外来語であり，下線部の g は [ʒ] と発音されます。したがって，正解は選択肢 **2** です。[正解率 57.97%]

(2) アクセント（強勢）の位置に関する問題です。ドイツ語では原則として，語の最初の音節にアクセントが置かれますが，非分離前つづり（be-, ge-, ver- など）をともなう語や多くの外来語では，最初の音節にアクセントが置かれません。また，ge- で始まる形容詞や副詞で 2 音節以上から成り立っている語については，最初の音節にアクセントが置かれることはごくまれです。選択肢 **1** の genau（正確な，その通り），選択肢 **2** の gerade（まっすぐの，ちょうど），選択肢 **4** の gesund（健康な）は下線部の e にアクセントはなく，それぞれ第 2 音節の母音にアクセントが置かれます。選択肢 **3** の gestern（昨日）のみ，最初の音節の e にアクセントが置かれます。したがって，正解は選択肢 **3** です。[正解率 68.03%]

(3) 母音の長短に関する問題です。選択肢 **1** の deswegen（それゆえ）は，下線部の e にアクセントがあり，その e を長く発音します。この語が前置詞の wegen（～ゆえに）に由来するからです。選択肢 **2** の Heimweg（帰路），選択肢 **3** の unterwegs（途中で）の weg という部分は，Weg（道）に由来します。Weg の e

が長く発音されることから，選択肢 **2** と選択肢 **3** の下線部 e も長く発音するのです。選択肢 **4** の weggehen（立ち去る）の場合ですが，この語は分離動詞であることが発音に大きく関係します。分離前つづりの weg- は副詞の weg（去って，離れて）と関係しており，副詞の weg は e を短く発音します。そのため，分離前つづりである weg- の e も短く発音されます。したがって，正解は選択肢 **4** です。それぞれの語がどのような語に由来するのかを確認しつつ，発音にも注意することが必要です。［正解率 66.04%］

（**4**）文において最も強調して発音される語を選ぶ問題です。基本的に，文の中で最も重要な情報である箇所が強調して発音されます。**A** が「もう一切れケーキを召し上がりますか？」と尋ねます。これに対して **B** は「結構です，ありがとう。ですがコーヒーをお代わりします」と答えます。**A** はケーキのお代わりについて質問していますが，**B** はそれを断った後にコーヒーをお代わりしたい旨を述べます。つまり Kaffee（コーヒー）が，**B** が **A** に伝えたい最も重要な情報なのです。したがって，正解は選択肢 **4** です。［正解率 85.95%］

◇この問題は 12 点満点（配点 3 点×4）で，平均点は 8.34 点でした。

1 ここがポイント！

＊発音やアクセントの位置などの基本的な原則を覚えることに加えて，頻繁に使われる外来語や前つづりを含む語の発音についての知識を身につけよう！
＊発音する際には，その語がいかなる語から成り立っているのかについても意識しよう！
＊会話では重要な情報が何であるかを意識して，それが相手に伝わるように強調して発音するよう心がけよう！

2 前置詞

正解 （**1**） **3** （**2**） **3** （**3**） **4** （**4**） **2**

前置詞に関する問題です。前置詞は，時間や場所などさまざまな意味関係を表します。個々の前置詞の基本的な意味や格支配に関しての知識を問われるだけでなく，特定の動詞や形容詞との組み合わせで用いられる場合についても出題されます。

(**1**) 動詞 informieren は前置詞 über と結びつき，jn über et^4 informieren で「〜^{4} に〜^{4} について知らせる」という意味を表します。したがって，正解は選択肢 **3** の über です。問題文は「その女子生徒はホストファミリーに，自分の到着について知らせた」という意味です。選択肢 **1** の auf を選択した解答が 27.36% ありましたが，この場合には自然な意味の文が成り立ちません。[正解率 46.33%]

(**2**) 動詞 entschuldigen は前置詞 für と結びつき，sich^4 bei jm für et^4 entschuldigen「〜^{3} に〜^{4} のことで謝る」という意味を表します。したがって，正解は選択肢 **3** の für になります。問題文は「私はあなたに遅刻したことを謝らなければなりません」という意味です。なお，選択肢 **2** の auf を選んだ解答が 19.39% ありましたが，entschuldigen には auf と結びつく用法はありません。[正解率 59.75%]

(**3**) 前置詞の um には，要求する対象を表す用法があります。動詞 bitten と結びつき，um et^4 bitten で「〜を頼む」という意味を表します。したがって，正解は選択肢 **4** の um です。問題文は「その建築家は助手に助けを求めたかった」という意味になります。選択肢 **3** の für を選んだ解答が 28.62% ありましたが，für には bitten と結びつく用法はなく，解答として適切ではありません。[正解率 42.35%]

(**4**) 前置詞と結びついた，よく使われる表現についての問題です。zu Hause は「家で」という意味ですが，bei mir zu Hause となると，「私の家で」という意味になります。したがって，正解は選択肢 **2** の bei になります。問題文は「金曜日は私の誕生日で，私の家でパーティーをします」という意味です。なお，選択肢 **4** の zu を選択した解答が 22.96% ありました。その場合，zu mir という表現は「私のところへ」という意味になり，gehen（行く），kommen（来る）などの動詞と一緒に使われることが多く，この問題での解答として，適切とは言えません。[正解率 54.51%]

◇この問題は 12 点満点（配点 3 点×4）で，平均点は 6.09 点でした。

2 ここがポイント！

＊前置詞の基本的な意味と格支配を覚えよう！
＊特定の動詞や形容詞と結びつく前置詞の用法は，まとまった表現として覚えよう！

3 動詞と助動詞（現在完了形・受動構文・zu 不定詞・接続法第Ⅱ式）

正解 （1） **3**　（2） **2**　（3） **4**　（4） **2**

動詞や助動詞に関する問題です。現在完了形，受動構文，接続法第Ⅱ式，zu 不定詞など，さまざまな時制や用法における適切な形を選ぶ必要があります。

（**1**） 選択肢で使用されている語句から，問題文は「きみは今日何時に起きたの？」という意味であると予想されます。主語に合わせて動詞 sein が bist という形を取っていることに注目してください。この bist は，完了の助動詞であり，文末に置かれる過去分詞と結びつくことで現在完了形を構成します。したがって，正解は選択肢 **3** の aufgestanden です。aufgestanden は，分離動詞 aufstehen（起きる）の過去分詞です。この動詞は状態の変化を表す自動詞であることから，完了の助動詞として haben ではなく sein を取ることにも注意しましょう。［正解率 67.51%］

（**2**） 問題文の最後に置かれている語 gesperrt は，動詞 sperren（～を封鎖する，遮断する）の過去分詞です。このことから，問題文の空欄部分には，文末の過去分詞とセットになる助動詞が入る必要があることがわかります。選択肢 **3** の lässt は使役の助動詞 lassen で，不定形の動詞とセットになって「～させる」という意味を作ります。また，選択肢 **4** の muss は話法の助動詞 müssen（～しなければならない）で，これもセットになるのは不定形であり，過去分詞と組み合わせることはできません。選択肢 **1** の hat は，完了の助動詞 haben で，過去分詞と組み合わせることで現在完了形を作ることができます。この選択肢 **1** を選んだ解答が 45.49% ありましたが，問題文の主語が die Straße（通り）であるため，過去分詞 gesperrt と組み合わせても意味が通りません。選択肢 **2** の ist は，状態受動の助動詞 sein で，文末の過去分詞と組み合わせることで「～されている」という意味を作ります。これを入れることで，「工事のためにその通りは昨日から封鎖されている」という意味の文が完成します。したがって正解は選択肢 **2** です。［正解率 37.63%］

（**3**） 問題文では hat vor の後にコンマが置かれ，文が二つの部分に区切られています。この hat vor が分離動詞 vorhaben（～を予定している，するつもりである）であることがわかれば，コンマに続く後半部は，動詞 vorhaben の目的語として「〜すること」という意味のまとまりが作られると予想できます。したがって，空欄には zu と動詞の不定形との組み合わせを入れることで，「来月スイスで休暇を過ごすこと」という意味のまとまり（zu 不定詞句）を作るのが適切です。正解は選択肢 **4** の zu machen です。問題文は「フィッシャーさんは，来月スイスで休暇を過ごす予定だ」という意味になります。［正解率 68.97%］

（**4**）問題文の最後に，öffnen（開ける）という動詞の不定形が置かれています。したがって，文頭に置かれた空欄には，動詞の不定形と組み合わせることのできる語が入る必要があります。選択肢 **1** の Hätten（haben の接続法第Ⅱ式）および選択肢 **4** の Wären（sein の接続法第Ⅱ式）は，いずれも動詞の不定形と組み合わせることはできないため，除外されます。選択肢 **2** の Könnten，選択肢 **3** の Sollten は，それぞれ話法の助動詞 können と sollen の接続法第Ⅱ式で，動詞の不定形と組み合わせることができます。ここでは，問題文で使用されている語句との組み合わせから，「どうか窓を開けていただけますか？」という意味の文ができると考えるのが適切です。正解は選択肢 **2** の Könnten です。接続法第Ⅱ式には，外交的接続法という用法があり，婉曲的な表現や丁寧な依頼などに用いられます。［正解率 77.99%］

◇この問題は 12 点満点（配点 3 点×4）で，平均点は 7.56 点でした。

3 ここがポイント！

＊さまざまな助動詞（完了・受動・使役・話法の助動詞など）の用法を覚える際には，ペアになるものがどのような形を取るのか（不定形・過去分詞・zu 不定詞）もあわせて覚えるようにしよう！

＊過去分詞や zu 不定詞など，動詞のさまざまな形をコツコツと確実に覚えていこう！

4 代名詞・疑問詞・接続詞など

正解　（**1**）**2**　（**2**）**1**　（**3**）**4**　（**4**）**4**

関係代名詞，疑問代名詞，人称代名詞，接続詞に関する問題です。

（**1**）人称代名詞に関する問題です。問題文の二つの文のうち最初の文は，「私の息子が軽い風邪をひいた」という意味です。空欄で始まる次の文は，2 番目の定形の位置に tut があり，文末に weh がありますから，jm weh tun（〜3 に痛みをおこす）という表現が用いられていることがわかります。この表現では痛む部位が主語になります。ここでは，der Hals（のど，首）が主語です。つまり，誰かの「のどが痛い」わけです。カッコの中にはこの痛みを感じている「誰か」が 3 格で入ることになります。最初の文の内容から，この「誰か」は「私の息子」です。「私の息子」は人称代名詞の 1 格ならば er ですが，ここでは 3 格の形，すなわち ihm になります。以上のことから，正解は選択肢 **2** です。なお，選択肢 **1** を選んだ解答が 37.21% ありました。［正解率 38.57%］

（**2**）関係代名詞に関する問題です。問題文の前半部は「私は一人の若い作家を知っている」という意味です。後半部では動詞 sein の定形 ist が後置されていますから，後半部が副文であること，また，空欄には副文を導く語が入ることがわかります。選択肢 **3** の ihr と選択肢 **4** の mein は，男性名詞 Vater を主語として考えるという点だけからすればあてはまりそうですが，この文が副文であることと整合しません。選択肢 **1** と選択肢 **2** はともに関係代名詞の 2 格ですから名詞 Vater について副文を導くことができますが，Autorin は Autor の女性形ですから，関係代名詞も女性 2 格の形でないといけません。したがって，正解は選択肢 **1** です。問題文は「私は，父親もまた作家として有名な一人の若い作家を知っている」という意味になります。［正解率 48.11%］

（**3**）接続詞に関する問題です。問題文のコンマ以下，空欄で始まる後半部は，主語 ich に対応する定形 habe が文末にありますから副文です。この点からして，空欄に入る接続詞は従属接続詞でなくてはなりませんから，選択肢 **1** の並列接続詞の denn（というのは）と，選択肢 **2** の接続副詞の deshalb（だから）はあてはまりません。選択肢 **3** の obwohl（〜にもかかわらず）と選択肢 **4** の weil（〜なので）はともに従属接続詞ですが，主文の「私は今とても眠い」と，副文の「私は昨日一晩中勉強した」をつなぐことを考えれば，正解は選択肢 **4** です。［正解率 75.47%］

（**4**）疑問詞が導く副文に関する問題です。問題文の前半部は「私は彼らに説明した」という意味です。これに続く部分で「何を説明したか」が述べられることが予想されます。また，空欄以下の後半部では，文末に分離動詞の aussehen の過去形 aussah，すなわち定形の動詞がありますから，この後半部が副文であることがわかります。四つの選択肢の示す語はどれも副文を導くことができますから，あとは文意を手がかりに考えます。動詞 aussehen は「どのような外見であるか，外見がどうであるか」を示します。空欄には，この「どのような」を表現できる語を入れる必要があります。したがって，正解は選択肢 **4** です。問題文全体としては「私はその見知らぬ男がどのような様子であったかを彼らに説明した」という意味になります。選択肢 **2** の was では「様子」「様態」を表現することはできないので，ここでは使えません。選択肢 **2** を選んだ解答が 29.98% ありました。[正解率 24.00%]

◇この問題は 12 点満点（配点 3 点×4）で，平均点は 5.58 点でした。

4 ここがポイント！

＊関係代名詞の 2 格は，他の格に比べて少し難しいので，例文にたくさん触れて慣れよう！

＊様態を表す wie の特徴的な用法をあらためて確認しておこう！

5 語彙（動詞・副詞・慣用表現）

正解 (1) 1　(2) 4　(3) 4　(4) 1

動詞，副詞，慣用表現に関する問題です。語彙力が問われます。

(1) je＋比較級，desto（または umso）＋比較級（〜であればあるほどますます…）という接続表現の構造を見つけられるかどうかが鍵となります。前半が副文，後半が主文です。文頭の Je＋比較級を見た時点で，後に desto＋比較級が続くことを予想できるといいでしょう。空欄に選択肢 **1** の desto（それだけますます）を入れると，「きみが多くの言語を話すほど，きみの世界はますます大きくなる」という意味の文が成立します。したがって，正解は選択肢 **1** です。ちなみに，他の選択肢もすべて形容詞の比較級と組み合わせて使うことができます。選択肢 **2** は immer＋比較級で「しだいに，ますます〜」，選択肢 **3** は noch＋比較級で「さらに，もっと〜」，選択肢 **4** は viel＋比較級で「はるかに，ずっと〜」となります。しかし前半の je＋比較級との相関関係が成り立たないため，ここでは不適切です。[正解率 49.48%]

(2) 問題文は「きみたちは知らない単語があれば，辞書で（　　）することができる」です。いずれも前つづり nach- で始まる動詞の中から，適切な語を選びます。選択肢 **1** の nachdenken は「熟考する」，選択肢 **2** の nachfragen は「問い合わせる，照会する」，選択肢 **3** の nachholen は「(遅れを) 取り戻す」，選択肢 **4** の nachschlagen は「(単語などを辞書や原典で) 調べる」という意味です。したがって，選択肢 **4** が正解です。なお，選択肢 **2** の nachfragen を選んだ解答が 42.98% ありましたが，この動詞は bei jm nach jm/et[3] nachfragen というように人や機関に人や物事について尋ねるときに使うもので，ここでは適しません。[正解率 27.15%]

(**3**) 問題文は「乗客の皆さま，この列車は 30 分間の (　) があります」です。乗客，列車などの語から列車内のアナウンスであることが予想できるでしょう。選択肢 **1** の Achtung は「注意，尊敬」，選択肢 **2** の Anmeldung は「申し込み，届け出」，選択肢 **3** の Ordnung は「秩序」，選択肢 **4** の Verspätung は「遅れ，遅刻，遅延」という意味です。eine Verspätung haben で「遅れている」という意味になります。以上のことから，選択肢 **4** が正解です。Sehr geehrte ... という表現は，手紙の書き出しの他，公の場で観衆・聴衆に呼びかける際などにもよく使われます。[正解率 74.21%]

(**4**) 問題文は「私の鍵はどこだ？ 私のかばんの中は何もかも (　　) だ」となります。選択肢はいずれも相互代名詞 einander (互いに) を含む副詞です。選択肢 **1** の durcheinander は「互いに入り乱れて，乱雑に」，選択肢 **2** の ineinander は「互いの中へ」，選択肢 **3** の miteinander は「互いに一緒に」，選択肢 **4** の voneinander は「お互いから，互いについて」という意味です。空欄に選択肢 **1** を入れると，「私のかばんの中は何もかもごちゃごちゃだ」という意味の文が成立します。その他の選択肢を入れた場合には，かばんの中の状態を表す文になりません。したがって，正解は選択肢 **1** です。なお，選択肢 **2** を選んだ解答が 26.94%，選択肢 **3** を選んだ解答が 34.38% ありました。[正解率 29.04%]

◇この問題は 12 点満点 (配点 3 点×4) で，平均点は 5.40 点でした。

5 ここがポイント！

＊je＋比較級, desto (または umso) ＋比較級のような相関的表現を正確に覚えて使えるようにしよう！

＊同じ前つづりを含む語は，意味の違いを確認しながら整理しておこう！

6 手紙文理解

正解 (1) **2** (2) **3** (3) **1**, **5** (順序は問いません)

メールの文面を読んだ上で内容を正しく理解できるかどうかを問う問題です。以下は，問題で使用されたテキストの日本語訳です。

親愛なる同窓生たち

20年前，私たちケストナー・ギムナジウムの女子40名男子50名は，学校を卒業しました。この長い歳月の間にいろいろ起きました。誰が結婚したの？誰が故郷を離れたの？ 誰が外国に住んでいるの？ 誰が面白い仕事を見つけたの？ (**A**) みんなも知りたいでしょう？ 私は同窓会を開くことを提案します。

会は3月16日20時にレストラン「ツム・ヒルシュ」で行われます。みなさんの多くが来られることを願っています。私に電話するか，メールを送ってください。1月末までに連絡してくれるとありがたいです。なお私たちの恩師たちも招待しています。

最後に一つ質問があります。女子1名，男子1名の住所を探しています。ウルズラ・ノイマンとトビアス・ランカーについて何か知っている人はいますか？ (**B**) をもらえると嬉しいです。

お返事お待ちしています。
よろしく
みなさんの同窓生　マルティーナ・バウアー

テキストは，マルティーナが同窓生に宛てて出した同窓会のお知らせです。連絡先不明の同窓生2名の消息も尋ねています。同窓生宛てのメールなので，ihr (きみたち) が使われていますが，上の日本語訳では「みなさん」としてあります。この問題では，文意を正確に理解できているかどうか，文脈的に適切な語を選択できるかどうか，テキストの内容を正しく把握できるかどうかが問われています。

(**1**) は，下線部 (**A**) の言い換えとして適切なものを選ぶ問題です。三つの選択肢の意味は以下の通りです。

1 きみたちも面白い仕事をしたいですか？
2 きみたちもそれを知りたいですか？
3 きみたちも神経質になっていますか？

neugierig は「好奇心旺盛な」という意味の形容詞ですが，ここではマルティーナが知りたいことを列挙し，「私はこんなにも知りたいことがいっぱいあって，好奇心の塊みたいになっているのだけれど，あなたたちもそう？」と尋ねています。したがって選択肢 **2** が正解です。［正解率 72.22%］

(**2**) は空欄 (**B**) を埋めるのに適切な名詞を選ぶ問題であり，文脈を把握する力と語彙力が求められます。選択肢 **1** の Themen は「テーマ」，選択肢 **2** の Fragen は「質問」，選択肢 **3** の Informationen は「情報」，選択肢 **4** の Namen は「名前」という意味です。空欄 (**B**) の前で「消息がわからない 2 人の同窓生について何か知っている人はいますか？」と尋ねていますから，マルティーナが欲しいのは 2 人の「情報」です。したがって選択肢 **3** が正解です。［正解率 82.18%］

(**3**) は，テキストの内容に合致する選択肢を選ぶ問題です。選択肢 **1** は「ケストナー・ギムナジウムでは，20 年前に計 90 名の生徒たちが卒業した」という意味です。テキストでは，20 年前に女子 40 名男子 50 名がケストナー・ギムナジウムを卒業したと書いてあります。したがって選択肢 **1** は正解です。［正解率 72.85%］選択肢 **2** は「マルティーナは面白い仕事を提案している」という意味です。マルティーナが提案しているのは同窓会であり，仕事ではありません。したがって選択肢 **2** は不正解です。選択肢 **3** は「同窓会は 1 月に行われる」という意味です。同窓会が行われるのは 3 月で，来られるかどうか 1 月末までに返事してもらえると嬉しいと書かれています。したがって選択肢 **3** は不正解です。選択肢 **4** は「同窓会に先生たちは招待されていない」という意味です。テキストでは恩師たちも招待していると書かれているので，選択肢 **4** は不正解です。選択肢 **5** は「マルティーナはウルズラとトビアスの住所を知らない」という意味です。2 人の連絡先がわからないから皆に情報を求めています。したがって選択肢 **5** は正解です。［正解率 84.38%］

◇この問題は 12 点満点 (配点 3 点×4) で，平均点は 9.35 点でした。

6 ここがポイント！

＊書き出し，結び，呼びかけなどの定型表現を含め，メール・手紙・はがきの形式に慣れておこう！
＊単語の直訳の意味だけでなく，文脈中での意味にも注意しよう！
＊季節や日程，時刻が話題とされている場合は，時間関係に注意して内容を正確に把握しよう！

7 会話文理解

正解　**(a)　2　(b)　5　(c)　7　(d)　8　(e)　4**

空欄に適切な表現を補い，会話を完成させる問題です。選択肢に挙げられている各表現の意味を正しく理解するだけでなく，空欄ごとに前後の会話の流れを把握する必要があります。

内容：

レア：土曜日はもう何か予定ある，ゼバスティアン？

ゼバスティアン：今週の？ いいや，まだ何も。どうして聞くの？

レア：ルートヴィヒ美術館に行きたいんだけど。一緒に行く気はある？ **(a)**

ゼバスティアン：ふむ，たしかにその通りだ。**(b)**

レア：あの美術館はパブロ・ピカソの絵画，陶磁器，彫刻作品をとてもたくさん所蔵していてね。**(c)** いまはオンラインで家からでもそれらを見られるけれど，一度近くでじっくり見たいと思って。

ゼバスティアン：何だって，そんなにたくさんピカソの作品があるって？ 全然知らなかったよ。あの美術館は現代芸術家で有名なんだと思っていた。何が何でも一緒に行くよ。

レア：よかった。入場料は学割で 7.50 ユーロだよ。まずはゆっくり美術館を見て回ろうよ。**(d)**

ゼバスティアン：すごくいい考えだね。**(e)**

レア：10 時に美術館前，あなたはそれで大丈夫？ 美術館の建物内にはカフェレストランもあるから，そこで何か食べられるよ。

ゼバスティアン：わかった，じゃあそうしよう。

1　そもそもその気はある？

2　あなたは芸術に興味があるんだったよね。

3　一緒に演劇講座に行かない？

4　いつ，どこで待ち合わせる？

5　それで，そこで何が見られるの？

6　それから私は残念だけれど行かなくちゃ，その後まだおばを訪ねることになっているから。

7 それはしかも世界第3のコレクションなんだ。
8 その後，もし天気が良くてまだ時間があったら，ライン河沿いを散歩できるよ。

会話は，ある美術館についてレアとゼバスティアンの2人の間で交わされているものです。会話全体の流れが自然になるように選択肢を選ぶ必要があります。

(**a**)：(**a**) レアがゼバスティアンに週末の予定を尋ね，一緒に美術館へ行かないかと誘っています。レアは「一緒に行く気はある？」と聞いた後に (**a**) と言っています。それに対して，ゼバスティアンは「ふむ，たしかにその通りだ」と答え，レアの発言の内容が事実だと認めています。このことから，(**a**) には美術館についての説明か，もしくはレアがゼバスティアンを誘う理由が入ることが予想されます。選択肢**2**，選択肢**7**が候補となりますが，後段を読むと，ゼバスティアンはこの美術館のことをよく知らなかったということがわかります。したがって，正解は選択肢**2**の「あなたは芸術に興味があるんだったよね」です。なお，選択肢**1**の「そもそもその気はある？」を選んだ解答が14.26％ありましたが，その場合はゼバスティアンの答えがJaかNeinになるはずですので，ここではあてはまりません。［正解率66.04％］

(**b**)：ゼバスティアンが (**b**) と発言した後に続いて，レアは美術館がピカソの作品を多数所蔵していることを説明しています。ここから，(**b**) には美術館についての説明を引き出すような質問，すなわち美術館自体についての問いか，もしくはなぜレアはその美術館へ行きたいのかという問いが入るものと推測できます。正解は選択肢**5**の「それで，そこで何が見られるの？」です。［正解率84.28％］

(**c**)：レアの発言内容です。美術館にピカソの作品がたくさんあると語った後に，(**c**) と言っています。さらにその後も，オンラインで家からでも見られるが一度じかに見たい，というように美術館の所蔵品についての話が続くことから，(**c**) にも美術館に関する文が入ることが予想できます。したがって，正解は選択肢**7**の「それはしかも世界第3のコレクションなんだ」です。drittgrößt- で「3番目に大きい」となります。このように「序数＋最上級」の組み合わせで「何番目に～だ」を表します。［正解率75.58％］

(**d**)：レアは「まずはゆっくり美術館を見て回ろうよ」と言った後に，(**d**) と続けています。それを受けて，ゼバスティアンは「すごくいい考えだね」と応じています。このことから，(**d**) には何らかの提案が入るものと予想されます。選

択肢 **3** か選択肢 **8** が候補として考えられますが，選択肢 **3** の演劇講座の話題は，これまでの美術館の話の流れの中であまりに唐突な感じがします。ここでもう一つヒントになるのは，zuerst（まずは，最初に）という語です。しばしば dann（それから），danach（その後）と組み合わせて，zuerst ..., dann / danach ... というふうに順序を表すことができます。以上のことから，選択肢 **8** の「その後，もし天気が良くてまだ時間があったら，ライン河沿いを散歩できるよ」が正解です。［正解率 69.39%］

(**e**)：ゼバスティアンが (**e**) と言った後に，レアが「10時に美術館前」と答えていることから，(**e**) には待ち合わせの時間と場所について尋ねる文が入ることが予測できます。したがって，正解は選択肢 **4** の「いつ，どこで待ち合わせる？」です。［正解率 91.93%］

なお，選択肢 **1**「そもそもその気はある？」，選択肢 **3**「一緒に演劇講座に行かない？」，選択肢 **6**「それから私は残念だけれど行かなくちゃ，その後まだおばを訪ねることになっているから」は，本文中のどの空欄にも入りません。

◇この問題は 15 点満点（配点 3 点×5）で，平均点は 11.62 点でした。

7 ここがポイント！

＊全体の文脈をしっかり読み解いて会話の流れをつかもう！
＊zuerst ..., dann / danach ... などの相関的表現にも注意を向けてみよう！

8 テキスト理解

正 解　**3**，**4**，**5**，**7**（順序は問いません）

一定の長さのまとまったテキストを読み，内容を正しく理解できるかどうかを問う問題です。テキストは，オンライン版《Süddeutsche Zeitung》の記事 „Gefährlicher Müll“（2015年4月24日付，2020年3月閲覧）を試験用にアレンジしたものです。

内容：

人間は非常に多くのゴミを作り出す。その多くはプラスチックゴミだ。最近，研究者たちが，毎年どの程度のプラスチックゴミが海まで到達するのかについて調査した。1年間に出るプラスチックゴミをすべて，例えば100台の巨大なゴミ収集車に積むとすると，少なくともそのうち2台が，それどころかひょっとしたら5台になるかもしれないが，プラスチックゴミを満載して海まで到達する計算になる。つまり，非常に多くのゴミがわれわれの海を汚染しているということだ。

海に集まったゴミは，特に，ドイツとは違いあまり厳密にゴミの処理が管理されていない国から流れついたものだ。ドイツでは，古くなったプラスチックは回収され，焼却されるか，新しいもののために利用される。しかし，他の多くの国では，ゴミを単に郊外にある空き地に持って行くだけで，その場所にはその後，大きなゴミの山ができる。それどころか，ゴミを無造作に家の裏に捨てる人も多い。そうすると，風がそのゴミの一部を運び去ったり，雨によってゴミが河川に運ばれ，海まで到達する。ゴミは海面に浮いたり，海底に沈んだりする。

動物が小さなプラスチック破片を飲み込んで死んでしまうことも繰り返されている。研究者たちはさらに，プラスチックから有毒な化学物質が海に溶け出し，それによって水が汚染されていると考えている。現在のところ，それがどの程度危険なのかはまだわかっておらず，さらに調査が必要である。政治家と研究者たちは今，この問題に対する解決策を見つけようとしているところだ。

【語彙】in letzter Zeit: 最近　sogar: それどころか　verschmutzen: 汚す，汚染する　mit jm/et[3] umgehen: ～[3]を扱う　weg|tragen: 運び去る　immer wieder: 何度も，繰り返し

選択肢**1**は，テキストの内容に合致せず，不正解です。テキスト第1段落では，1年間に出るプラスチックゴミを100台のゴミ収集車に換算すると，少なくとも2台分のゴミが海まで到達するという内容は述べられていますが，ドイツで捨てられるプラスチックゴミのうち，年間トラック約100台分が海に投棄されるということは，テキスト全体を通じて述べられていません。したがって，選択肢**1**は不正解です。選択肢**2**は，第2段落の「ドイツとは違いあまり厳密にゴミの処理が管理されていない国」という内容に合致しません。したがって，選択肢**2**は不正解です。選択肢**3**は，第2段落の「他の多くの国では，ゴミを単に郊外にある空き地に持って行くだけで，その場所にはその後，大きなゴミの山ができる」という内容に合致します。したがって，選択肢**3**は正解です。［正解率86.69%］選択肢**4**は，第2段落の「そうすると，風がそのゴミの一部を運び去ったり，雨によってゴミが河川に運ばれ，海まで到達する」という内容に合致します。したがっ

て，選択肢 **4** は正解です。［正解率 89.20%］選択肢 **5** は，第 2 段落の「ゴミを無造作に家の裏に捨てる人も多い。そうすると［…］海まで到達する。」という内容に合致します。したがって，選択肢 **5** は正解です。［正解率 63.10%］選択肢 **6** は，第 2 段落最後の「ゴミは海面に浮いたり，海底に沈んだりする」という内容に合致しません。したがって，選択肢 **6** は不正解です。選択肢 **7** は，第 3 段落冒頭の「動物が小さなプラスチック破片を飲み込んで死んでしまうことも繰り返されている」に合致します。したがって，選択肢 **7** は正解です。［正解率 77.25%］選択肢 **8** は，第 3 段落でプラスチックから有毒な化学物質が海に溶け出している可能性に触れ，続いて「現在のところ，それがどの程度危険なのかはまだわかっておらず，さらに調査が必要である」と述べているので，内容に合致しません。したがって，選択肢 **8** は不正解です。

◇この問題は 12 点満点（配点 3 点×4）で，平均点は 9.49 点でした。

8 ここがポイント！

＊長文読解では，「いつ」「どこで」「何が」「どうした」といった情報から文脈を正しく把握しよう！

＊aber, außerdem, dann, das heißt など，前の文とのつながりを示す語句も文脈を正しく把握するために重要！

＊読解の際は，必要に応じて，歴史・時事・自然科学などさまざまな分野の知識も活用しよう！

【聞き取り試験】

第1部 会話の重要情報の聞き取り

正解 (1) **3** (2) **1** (3) **1**

放送された短い会話を聞き，質問に対する答えとして最も適切な選択肢を選ぶ問題です。会話は2回放送されます。各質問と選択肢は「解答の手引き」にあらかじめ記載されています。質問と選択肢の内容を確認した上で，質問に関わる情報を正しく聞き取る力が求められます。

放送 問題**1**

A: Guten Morgen, Lars! Was möchtest du heute essen?
B: Guten Morgen, Mama! Ein Brötchen mit Butter und Honig, bitte.
A: Tut mir leid. Wir haben keinen Honig mehr. Wir haben aber Marmelade. Die ist auch sehr lecker. Möchtest du Erdbeermarmelade oder Blaubeermarmelade?
B: Erdbeer. Kann ich auch Butter haben?
A: Ja, natürlich!

内容：
A: おはよう，ラルス。今日は何を食べたい？
B: おはよう，ママ。バターと蜂蜜をつけたブレートヒェンをちょうだい。
A: すまないわね。蜂蜜がもうないのよ。だけどジャムならあるわよ。これもすごくおいしいのよ。いちごジャムとブルーベリージャムどっちがいい？
B: いちごにする。バターもつけていい？
A: ええ，もちろんよ。

質問文: Was isst Lars heute zum Frühstück?

質問文は「ラルスは今日何を朝食に食べますか？」という意味です。会話は母(**A**)とラルス(**B**)との間でなされています。ラルスがブレートヒェンを食べたがっており，ブレートヒェンに何をつけて食べるかが話題となっています。選択肢**1**は「彼はバターと蜂蜜をつけたブレートヒェンを食べる」，選択肢**2**は「彼はバターなしで蜂蜜をつけたブレートヒェンを食べる」，選択肢**3**は「彼はバターとジャムをつけたブレートヒェンを食べる」，選択肢**4**は「彼はバターなしでジャムをつけたブレートヒェンを食べる」という意味です。当初，ラルスはバターと蜂蜜をつけたブレートヒェンを希望しますが，母によって蜂蜜を切らしている旨が語られます。母はラルスにジャムを勧め，ラルスはいちごジャムとバターをつけたブレートヒェンを食べることとします。前置詞の mit (〜とともに) と ohne (〜なしで) が正解へと導く重要な語となります。したがって，正解は選択肢 **3** です。会話ではジャムの種類についても語られますが，選択肢にある Marmelade という語は種類に関係なく「ジャム」すべてを指しています。［正解率 77.67%］

放 送　問題 **2**

A: Entschuldigung, ich möchte nach Nürnberg fahren. Wann fährt der nächste Zug ab?

B: Moment. Der nächste Zug nach Nürnberg fährt um 12.20 Uhr von Gleis zwölf ab. Aber der Zug um 12.35 Uhr kommt dreißig Minuten früher in Nürnberg an. Welchen Zug nehmen Sie?

A: Dann möchte ich den Zug um 12.35 Uhr nehmen. Von welchem Gleis fährt der Zug ab?

B: Der Zug fährt von Gleis zwei ab.

A: Danke schön!

内容:

A: すみません，ニュルンベルクへ行きたいのですが。次の列車はいつ出発しますか？

B: ちょっとお待ちください。次のニュルンベルク行きの列車は 12 時 20 分に 12 番線から出発します。しかし 12 時 35 分の列車の方がニュルンベルクに 30 分早く着きますね。どちらの列車に乗られますか？

A: それじゃあ，12 時 35 分の列車に乗ろうと思います。何番線からその列車は発車しますか？

B: その列車なら 2 番線から発車しますよ。

A: どうもありがとう。

質問文: Von welchem Gleis fährt der Zug um 12.35 Uhr ab?

質問文は「どのホームから 12 時 35 分の列車は発車しますか？」という意味です。電車の発車時刻や何番線から出発するかなど，数字を聞き取る必要があります。選択肢 **1** は「それは 2 番線から発車する」，選択肢 **2** は「それは 3 番線から発車する」，選択肢 **3** は「それは 11 番線から発車する」，選択肢 **4** は「それは 12 番線から発車する」という意味です。男性 (**A**) はニュルンベルクへ向かうべく，

（女性の）鉄道員（**B**）にどの電車に乗ればよいのかと質問しています。鉄道員は2種類の列車を紹介します。第1の列車は12時20分に12番線から出発する列車で，第2の列車は12時35分に出発するものです。男性はニュルンベルクに30分早く着くという12時35分発の列車を選択し，何番線から発車するかを尋ねます。それに対する鉄道員の答えが「2番線」です。したがって，正解は選択肢**1**です。時刻や数字ばかりでなく，男性がどの列車に乗るのかを正確に聞き取ることも必要です。［正解率88.16%］

放送　問題**3**

A: Hallo, Julia! Immer liest du etwas. Was liest du denn diesmal?

B: Hallo, Lukas! Ich lese einen Krimi. Er ist neu und sehr interessant. Der Krimi gefällt dir sicher. Schau mal, das ist das Buch.

A: Ach, den habe ich schon gelesen. Ich weiß, wer der Täter ist!

B: Nein! Bitte sag nichts!

内容:

A: やあ，ユーリア。いつもきみは何か読んでいるよね。今回は一体何を読んでいるの？

B: やあ，ルーカス。推理小説を読んでいるのよ。これ，新しくてすごく面白いの。この推理小説はきみもきっと気に入るわよ。ちょっと見てよ，これがその本よ。

A: ああ，これならぼくもう読んだよ。ぼくね，誰が犯人だか知っているよ。

B: だめよ！ 何も言わないで！

質問文: Hat Lukas den Krimi gelesen?

質問文は現在完了形であり，「ルーカスはその推理小説を読みましたか？」と尋ねています。この問題では何らかの名詞や数字といった個別の情報を聞き取るよりも，会話の流れを正確につかむことが重要です。会話は次のように進みます。ユーリア（**B**）が本を読んでいます。ルーカス（**A**）がユーリアに何を読んでいるのかと尋ねると，彼女は推理小説を読んでいると答えます。実は，その推理小説をルーカスはすでに読んでしまっていました。誰が犯人であるのかを知っているルーカスに，ユーリアは何も言わないようにとお願いするのです。選択肢**1**は「はい，彼はそれをもう読みました」，選択肢**2**は「いいえ，しかし彼はそれを後で読むつもりです」，選択肢**3**は「いいえ，しかし彼はそれをちょうど今読んでいるところです」，選択肢**4**は「いいえ，彼はそれをまだ読んだことがありません」という意味です。したがって，正解は選択肢**1**です。［正解率58.39%］

◇この問題は12点満点（配点4点×3）で，平均点は8.97点でした。

第1部 ここがポイント！

＊あらかじめ「解答の手引き」に目を通すことによって質問の内容を意識し，数詞や時間表現，名詞などの必要な情報を聞き取るようにしよう！
＊会話に登場する語などを手がかりとして，会話が設定されている場面を想像しながら話の展開を追うようにしよう！

第2部 テキスト内容の理解

正解 **(4) 3　(5) 2　(6) 1**

放送されたテキストと質問を聞き，その答えとして最も適した絵を選ぶ問題です。テキスト全体のうち質問に関連する情報を正しくとらえることが求められます。

放送 問題**4**

Liebe Kundinnen und Kunden, herzlich willkommen im Kaufhaus „Müller“. Spielzeug finden Sie im dritten Stock, Kinderbekleidung im vierten Stock und Kinderbücher im fünften Stock. Bei Fragen wenden Sie sich bitte an die Information.

内容:

皆様，デパート「ミュラー」へお越しくださいまして，ありがとうございます。玩具は3階でお取り扱いしております。子ども服は4階に，お子様向けの本は5階にございます。何かご用がございましたら，インフォメーションまで申し出てください。

質問文: Was gibt es im fünften Stock?

問題文のテキストは，デパートのアナウンスで，各階にある商品について述べられています。質問文は「5階には何がありますか？」という意味です。「解答の手引き」では，選択肢**1**に子ども服，選択肢**2**に玩具，選択肢**3**に子ども用の本があります。したがって，正解は，子ども用の本が描かれている選択肢**3**になります。［正解率77.25%］

放送 問題 **5**

Hallo, Katrin? Hier ist Laura. Du, ich kann heute leider nicht mit dir ins Kino gehen. Ich muss meine Seminararbeit bis morgen fertig schreiben. Deshalb muss ich zu Hause bleiben. Es tut mir sehr leid. Hast du morgen Abend Zeit? Ruf mich bitte zurück!

内容:

もしもし，カトリン？ ラウラです。残念だけど，今日は映画に行けなくなっちゃった。ゼミのレポートを明日までに書き上げなくてはいけなくて，そのためにずっと家にこもっていなければならないの。本当にごめんなさい。明日の夜は時間ある？ 折り返し電話してね！

質問文: Was macht Laura heute Abend?

質問文は「ラウラは，今晩何をしますか？」という意味です。選択肢 **1** は映画館で映画を見る様子，選択肢 **2** は自宅で課題に取り組む様子，選択肢 **3** は掃除をしている様子です。放送では「ゼミのレポートを明日までに書き上げなくてはならない」(Ich muss meine Seminararbeit bis morgen fertig schreiben.) と述べられ，その後に「そのためにずっと家にこもっていなければならない」(Deshalb muss ich zu Hause bleiben.) と続いています。したがって，正解は選択肢 **2** です。なお，選択肢 **3** を選んだ解答が 23.69% ありました。[正解率 63.94%]

放送 問題 **6**

Kennen Sie Robinson Crusoe? Sein Schiff hatte einen Unfall und er musste allein auf einer Insel leben. Dort hat er im Meer Fische gefangen und am Strand gegrillt. Bananen hat er im Dschungel gefunden. Und sein Haus war auf dem Berg der Insel.

内容:

ロビンソン・クルーソーを知っていますか？ 彼の船は事故にあい，彼は島に一人で暮らさなくてはならなくなりました。そこで，彼は魚を海で捕って，浜辺で焼きました。バナナをジャングルで見つけました。彼の家は島の山の上にありました。

質問文: Wo hat Robinson Crusoe Bananen gefunden?

質問文は「ロビンソン・クルーソーはバナナをどこで見つけましたか？」という意味です。選択肢 **1** にはジャングル，選択肢 **2** には浜辺，選択肢 **3** には山が描かれています。放送では「バナナをジャングルで見つけました」(Bananen hat er im Dschungel gefunden.) と述べられています。したがって，正解は選択肢 **1** になります。［正解率 64.68％］

◇この問題は 9 点満点（配点 3 点×3）で，平均点は 6.18 点でした。

第2部 ここがポイント！

＊イラストなどの視覚情報がある場合はそれを有効に利用しよう！
＊場所や数が話題に出てくる場合は，その情報を正確に聞き取ろう！

第3部 やや長い会話文の聞き取りと記述

正解　(7) **Wohnzimmer**　(8) **funktioniert**　(9) **17**　(10) **2**

放送された会話と質問を聞き，解答用紙の空欄に適切な語または数字を記入することにより，答えを完成させる問題です。問題 **(7)** **(8)** では会話に出てくるキーワードを，問題 **(9)** **(10)** では数詞を聞き取ります。「解答の手引き」および解答用紙に記載されている表現を確認した上で補うべき情報を正しく聞き取る力が求められます。放送された会話は，電気屋さんと，修理を依頼したシュタイナーさんとの間で交わされています。

A: Guten Tag, Frau Steiner. Ich bin Techniker bei der Elektrofirma Kunz AG.
B: Ach, endlich! Wir haben auf Sie gewartet! Kommen Sie bitte herein.
A: Na, was ist denn das Problem?
B: Unser Fernseher im Wohnzimmer. Er funktioniert gar nicht. Wir haben alles versucht.
A: Ist der Stecker in der Steckdose?
B: Ja, natürlich! Hier sehen Sie.
A: Stimmt, das Gerät hat Strom.
B: Gleich kommt ein Fußballspiel, das wir uns unbedingt ansehen möchten. Das Spiel beginnt um 17 Uhr. Also haben wir nur noch 15 Minuten Zeit. Glauben Sie, Sie schaffen das so schnell?
A: Mal sehen. Kann ich bitte die Fernbedienung haben?
B: Hier bitte!
A: Wann haben Sie denn die Batterien gewechselt?

B: Noch nie. Der Fernseher ist erst zwei Jahre alt.

A: Dann brauchen Sie neue Batterien. Ich habe welche dabei.

B: Ach, der Fernseher geht jetzt wieder!! Vielen, vielen Dank!

A: Kein Problem. Ich wünsche Ihnen einen schönen Fußballabend.

内容:。

A: こんにちは，シュタイナーさん。電気会社クンツの技師です。

B: ああ，やっと！ お待ちしていました！ どうぞお入りください。

A: さて，どうしましたか？

B: 居間にあるうちのテレビです。全然動かなくて。いろいろ試したんですけど。

A: コンセントは差し込んでありますか？

B: ええ，もちろん！ ほら，ご覧のとおり。

A: ほんとだ。電気は通っています。

B: もうすぐどうしても観たいサッカーの試合があるんです。17時に始まるんです。あと15分しかありません。そんなすぐに直ると思います？

A: まあ，やってみましょう。リモコンをお借りできますか？

B: はい，どうぞ！

A: 電池はいつ替えましたか？

B: まだ一度も。このテレビ，買って2年しか経ってないんです。

A: それなら新しい電池が必要です。何本か持ち合わせがありますよ。

B: あっ，テレビがまたついたわ!! 本当にどうもありがとう！

A: どういたしまして。サッカーの夕べをお楽しみください。

放送 問題**7**

質問文: Wo ist der Fernseher?

問題文: Er steht im ______.

質問文は「テレビはどこにありますか?」，問題文は「それは______にあります」という意味です。会話の中で，どうしましたかと電気屋さんに聞かれ，シュタイナーさんがUnser Fernseher im Wohnzimmer.（居間にあるうちのテレビです）と答えています。したがって正解は**Wohnzimmer**です。なお解答には，Wohnungzimmer や Wohnezimmer のような間違いが見られました。［正解率48.74%］

放 送 問題 **8**

質問文: Was ist das Problem?

問題文: Der Fernseher ______ nicht.

質問文は「何が問題ですか?」, 問題文は「テレビが______ない」という意味です。会話の中でシュタイナーさんが Er funktioniert gar nicht. ((それが) 全然動かなくて) と答えています。したがって正解は **funktioniert** です。なお解答には, スペルミスの他に, ansehen, gehen, gar のような耳に残った他の単語が書かれたものも見られました。[正解率 13.31%]

放 送 問題 **9**

質問文: Um wie viel Uhr startet das Fußballspiel?

問題文: Das Fußballspiel beginnt um □□ Uhr.

質問文は「サッカーの試合は何時に始まりますか?」, 問題文は「サッカーの試合は □□ 時に始まります」という意味です。会話の中で, シュタイナーさんが Das Spiel beginnt um 17 Uhr. ((その試合は) 17 時に始まるんです) と言っています。したがって正解は **17** です。[正解率 80.71%]

放 送 問題 **10**

質問文: Wie alt ist der Fernseher?

問題文: Er ist □ Jahre alt.

質問文は「そのテレビはどれだけ古いのですか?」, 問題文は「それは□年の古さです」という意味です。会話の中でシュタイナーさんが, リモコンの電池は今までまだ一度も替えたことがないと言った後に Der Fernseher ist erst zwei Jahre alt. (このテレビ, 買って 2 年しか経ってないんです) と述べています。したがって正解は **2** です。[正解率 93.40%]

◇この問題は 16 点満点 (配点 4 点×4) で, 平均点は 9.45 点でした。

第 3 部 ここがポイント!

*数は正確に聞き取ろう!
*基本語彙は正確につづるようにしよう!
*合成語は語と語のつながり方に注意しよう!

2021年度 冬期 ドイツ語技能検定試験

3級

筆記試験　問題

（試験時間　60 分）

出題は新しい正書法（単語のつづり方などに関する規則）に従います。解答は新旧いずれの方式でも認めます。

――注　意――

■受験票と机の上の受験番号が同じであることを確認してください。

■携帯電話，スマートフォン，スマートウォッチ等の電子機器類は電源を切り，カバン等にしまってください。机の上に置いてはいけません。

■中途退場は認めません。退場は試験放棄となります。

①問題冊子は試験開始の合図があるまで，開いてはいけません。
②問題冊子は表紙・裏表紙を含めて8ページあります。
　余白は下書き・メモ用に使ってかまいません。
③試験監督者の指示に従って，解答用紙の所定の欄に，受験番号・氏名を記入してください。
④解答は黒のHBの鉛筆で強めに記入してください。
　書き直す場合には，消しゴムできれいに消してから記入してください。
⑤解答はすべて解答用紙の指定された箇所に記入してください。
⑥記入する数字は，下記の見本に従って書いてください。

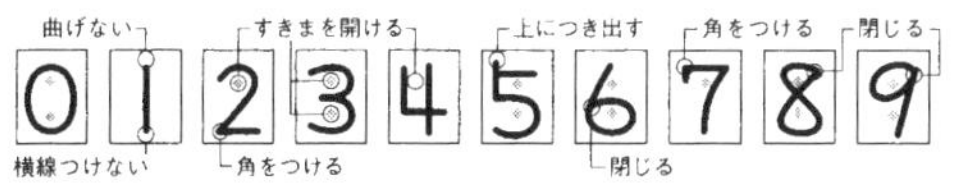

■試験が終わっても，指示があるまで席を立たないでください。

■解答用紙は持ち帰ってはいけません。

■この問題冊子の無断転載，無断複製を禁じます。

1 次の (**1**) ～ (**4**) の条件にあてはまるものが各組に一つあります。それを下の **1** ～ **4** から選び，その番号を解答欄に記入しなさい。

(**1**) 下線部の発音が他と異なる。
1 Chance **2** Charakter **3** Chor **4** Christ

(**2**) 下線部にアクセント（強勢）がある。
1 Gymnasium **2** Physik **3** Rhythmus **4** Symbol

(**3**) 下線部が短く発音される。
1 Jagd **2** Kanal **3** Malerei **4** Nachricht

(**4**) 問い **A** に対する答え **B** の下線の語のうち，通常最も強調して発音される。
A: Hast du Lust, heute Nachmittag Tennis zu spielen?
B: Nein, heute ist es zu heiß für mich.

1 es **2** heiß **3** für **4** mich

2 次の (**1**) ～ (**4**) の文で（　　）の中に入れるのに最も適切なものを，下の **1** ～ **4** から選び，その番号を解答欄に記入しなさい。

(**1**) Der Student hat sich (　　) das Stipendium beworben.
1 an **2** gegen **3** in **4** um

(**2**) Du solltest noch mehr (　　) deine Familie denken.
1 an **2** auf **3** in **4** um

(**3**) Das Spielzeug besteht (　　) Holz.
1 an **2** aus **3** mit **4** von

(**4**) Dieses Jahr hat meine Tochter (　　) dem Studium in Leipzig angefangen.
1 an **2** mit **3** von **4** zu

3 次の (1) ～ (4) の文で (　　) の中に入れるのに最も適切なものを，下の 1 ～ 4 から選び，その番号を解答欄に記入しなさい。

(1) Wo (　　) du gestern Abend gewesen?
1 bist　　2 hast　　3 hattest　　4 ist

(2) Die Kinder (　　) gestern viele Hausaufgaben.
1 haben　　2 habt　　3 hatte　　4 hatten

(3) (　　) doch ruhig, Mia und Lena!
1 Sei　　2 Seid　　3 Seien　　4 Sind

(4) Monika hat sich daran gewöhnt, jeden Morgen um 5 Uhr (　　).
1 aufgestanden　　2 aufsteht　　3 aufzustehen　　4 steht auf

4 次の (1) ～ (4) の文で (　　) の中に入れるのに最も適切なものを，下の 1 ～ 4 から選び，その番号を解答欄に記入しなさい。

(1) (　　) hast du gestern besucht?
1 Wann　　2 Wen　　3 Wo　　4 Wohin

(2) (　　) Japan noch China liegen in Europa.
1 Entweder　　2 Kaum　　3 Nicht nur　　4 Weder

(3) Die Studentin tat so, als (　　) sie die Prüfung nicht bestanden hätte.
1 da　　2 denn　　3 ob　　4 so

(4) Da sind die Katzen, (　　) ich täglich Futter gebe.
1 dem　　2 denen　　3 der　　4 deren

5 次の (**1**) ～ (**4**) の文で（　　）の中に入れるのに最も適切なものを，下の **1** ～ **4** から選び，その番号を解答欄に記入しなさい。

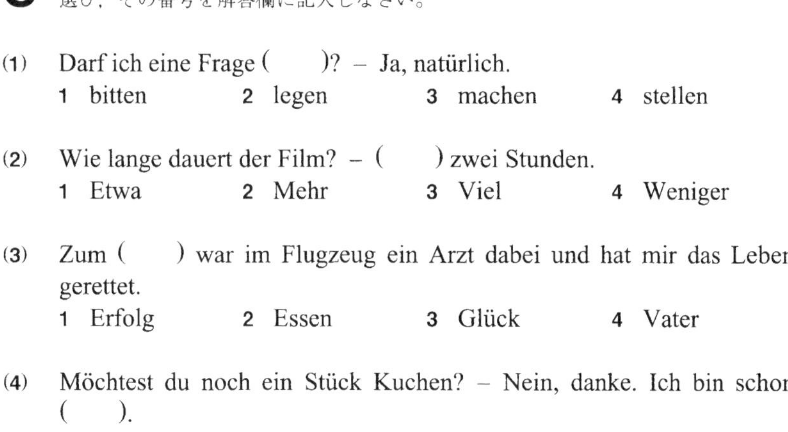

(**1**) Darf ich eine Frage (　　)? – Ja, natürlich.

1 bitten　　**2** legen　　**3** machen　　**4** stellen

(**2**) Wie lange dauert der Film? – (　　) zwei Stunden.

1 Etwa　　**2** Mehr　　**3** Viel　　**4** Weniger

(**3**) Zum (　　) war im Flugzeug ein Arzt dabei und hat mir das Leben gerettet.

1 Erfolg　　**2** Essen　　**3** Glück　　**4** Vater

(**4**) Möchtest du noch ein Stück Kuchen? – Nein, danke. Ich bin schon (　　).

1 hungrig　　**2** lange　　**3** satt　　**4** viel

6 次の文章は，コンスタンツ大学の Kirchner さんから学生に宛てたメールです。このメールを読んで，(**1**) ～ (**3**) の問いに答えなさい。

Von: Johanna Kirchner
An: Hajime Tanabe, Ben Braun, Elena Weber, Mira Wagner, Vincent Hofmann, ...
Betreff: Einladung zum Vortrag von Frau Prof. Dr. Lena Schillinger
Datum: 5. Dezember 2021

Liebe Studentinnen und Studenten,

ich möchte Sie gerne auf den Vortrag von Frau Prof. Dr. Lena Schillinger am Institut für Germanistik der Universität Konstanz aufmerksam machen. Sie spricht über das Thema „Kunst und Religion in der deutschen Literatur“.

Dieser Vortrag findet am 31. Januar 2022 um 14 Uhr statt. Wegen COVID-19 können Sie (A)<u>sowohl an der Universität im Raum 206 als auch online an dem Vortrag teilnehmen</u>. Ich würde mich sehr darüber freuen, wenn Sie mit großem (**B**) daran teilnehmen könnten. Die Teilnahme ist kostenlos. Wir bitten Sie aber um eine Anmeldung für diesen Vortrag. Anmeldeschluss ist der 14. Januar 2022. Bitte melden Sie sich über meine E-Mail-Adresse an.

Diejenigen, die am Vortrag im Raum teilnehmen möchten, werden darum gebeten, auf dem Gelände und in den Räumen der Universität Masken zu tragen und sich an die Abstandsregeln zur sozialen Distanz zu halten.

Mit freundlichen Grüßen

Johanna Kirchner

(1) 下線部(**A**)を言い換えた時に最も近い意味になるものを，次の**1**～**3**から選び，その番号を解答欄に記入しなさい。

1 lieber online als an der Universität im Raum 206 an dem Vortrag teilnehmen
2 nicht mehr an der Universität im Raum 206 teilnehmen, sondern nur online
3 nicht nur an der Uni im Raum 206, sondern auch online am Vortrag teilnehmen

(2) 空欄(**B**)に入れるのに最もふさわしい語を，次の**1**～**4**から選び，その番号を解答欄に記入しなさい。

1 Interesse **2** Plan **3** Vertrauen **4** Zufall

(3) 本文全体の内容に合うものを下の**1**～**5**から二つ選び，その番号を解答欄に記入しなさい。ただし，番号の順序は問いません。

1 Der Vortrag wird am 31. Januar 2022 an der Universität Konstanz stattfinden.
2 Frau Kirchner freut sich darauf, am Vortrag teilzunehmen.
3 Man muss sich zur Teilnahme an dem Vortrag bei Frau Schillinger anmelden.
4 Die Teilnehmer müssen sich am 14. Januar im Raum 206 anmelden.
5 Die Teilnehmer im Raum müssen Masken tragen und ausreichend Abstand halten.

7 以下は，Johann と留学生マコトの会話です。会話が完成するように，空欄（ **a** ）～（ **e** ）の中に入れるのに最も適切なものを，下の **1** ～ **8** から選び，その番号を解答欄に記入しなさい。

Makoto:	Hallo, Johann. Du warst im Sommer nicht zu Hause, oder?
Johann:	Hallo! Ja, das stimmt. Ich war drei Wochen in den Bergen.
Makoto:	Ach, so. (**a**)
Johann:	Das war keine Reise. Kennst du Garmisch-Partenkirchen in Süddeutschland? In einem Hotel dort habe ich gejobbt. Garmisch-Partenkirchen ist ein beliebter Touristenort. (**b**) Besonders im Sommer und im Winter brauchen Hotels deshalb viele Arbeitskräfte.
Makoto:	Das war sicher schön, denn du hast ja gesagt, dass dein Hobby Bergsteigen ist. Ganz in der Nähe von dort ist doch auch der höchste Berg Deutschlands, oder? (**c**) Ich habe seinen Namen völlig vergessen.
Johann:	Die Zugspitze. Wenn ich Zeit hatte, bin ich mit der Seilbahn auf den Berg hinaufgefahren. Die Landschaft dort oben ist wirklich toll.
Makoto:	Ich möchte so gerne auch mal die Gegend um die Zugspitze besuchen. (**d**)
Johann:	Ja, natürlich! Wollen wir in den nächsten Winterferien zusammen hinfahren, um Ski zu fahren? Der Schnee dort ist wunderbar. Kannst du Ski fahren?
Makoto:	(**e**) Ich bin in Japan ein paar Mal gefahren.
Johann:	Kein Problem! Lass uns zusammen Ski fahren!

1 Warum hast du gejobbt?

2 Wohin bist du denn gereist?

3 Ja, aber nur ein bisschen.

4 Viele Touristen haben im Meer gebadet.

5 Wie heißt der Berg denn?

6 Wo liegt der höchste Berg Deutschlands?

7 Da kann man sicher auch im Winter vieles machen.

8 Viele Leute kommen dorthin, um die Natur zu genießen.

8 森の幼稚園（Waldkindergarten）に関する次の文章を読んで，内容に合うものを下の**1**～**8**から四つ選び，その番号を解答欄に記入しなさい。ただし，番号の順序は問いません。

„Der Waldkindergarten“, d. h. der Kindergarten im Wald, ist eine alternative Form des Kindergartens. Er stammt aus Dänemark und hat sich auch in Deutschland sehr weit verbreitet. 1993 entstand der erste deutsche Waldkindergarten in Flensburg, Schleswig-Holstein. Es gibt heute bundesweit ca. 1500 Waldkindergärten.

„Kindergarten ohne Dach und Wände“ – so wird der Waldkindergarten häufig bezeichnet. Die meisten Waldkindergärten haben keine Gebäude. Das ist der größte Unterschied zu normalen Kindergärten. Bei einem Waldkindergarten treffen sich die Kinder und ihre Erzieherinnen und Erzieher jeden Morgen an einem Treffpunkt, dann gehen sie zusammen in den Wald und verbringen dort den Vormittag. Im Wald gibt es keine Spielzeuge. Die Kinder spielen also mit Dingen, die sie selber in der Natur finden. Und sie singen, tanzen und lernen vieles über Pflanzen und Tiere im Wald. Sie bringen ihr Mittagessen und Getränke im Rucksack mit. Diese Aktivitäten im Freien finden grundsätzlich bei jedem Wetter statt: Auch bei Regen oder Schnee verbringen die Kinder mit Mantel und Stiefeln den Tag im Wald!

Viele Forscher unterstützen diese Philosophie und sagen, dass die Erziehung im Wald viele Vorteile und positive Auswirkungen hat. Im Kontakt zur Natur können die Kinder lernen, wie man mit der Natur umgehen soll. Darüber hinaus haben die Kinder der Waldkindergärten ein starkes Immunsystem* und sind gesundheitlich stabiler als die Kinder der normalen Kindergärten.

*Immunsystem: 免疫システム

1 1993年，世界で初めて森の幼稚園がデンマークで誕生した。
2 今日ドイツ全土には約1500の森の幼稚園がある。
3 森の幼稚園は，たいてい森の中に園の施設がある。
4 森の幼稚園の子どもたちは，森の中で見つけたものを使って遊ぶ。
5 森の幼稚園の子どもたちは，歌ったり踊ったりすることで危険な動物から身を守る。
6 森の幼稚園の子どもたちは，森の中で集めた食材を家に持ち帰り昼食にする。
7 森の幼稚園の子どもたちは，雨や雪の日でも，コートや長靴を身につけて森の中で過ごす。
8 森の幼稚園の教育的効果について，肯定的な研究者が多い。

3級

2021年度 冬期 ドイツ語技能検定試験

筆記試験 解答用紙

受験番号	氏名

手書き数字見本

曲げない 横線つけない すきまを開ける 角をつける 上につき出す 閉じる 角をつける 閉じる

0 1 2 3 4 5 6 7 8 9

1	(1)		(2)		(3)		(4)		
2	(1)		(2)		(3)		(4)		
3	(1)		(2)		(3)		(4)		
4	(1)		(2)		(3)		(4)		
5	(1)		(2)		(3)		(4)		
6	(1)		(2)		(3)				
7	a		b		c		d		e
8									

🔊 21

2021 年度 冬期 ドイツ語技能検定試験

3 級

聞き取り試験　解答の手引き

（試験時間　約 30 分）

> **出題は新しい正書法（単語のつづり方などに関する規則）に従います。解答は新旧いずれの方式でも認めます。**

――注　意――

■受験票と机の上の受験番号が同じであることを確認してください。

■携帯電話，スマートフォン，スマートウォッチ等の電子機器類は電源を切り，カバン等にしまってください。机の上に置いてはいけません。

■中途退場は認めません。

①指示があるまでページを開いてはいけません。

②聞き取り試験は 3 部から成り立っています。

③試験監督者の指示に従って，解答用紙の所定の欄に，受験番号・氏名を記入してください。

④放送の指示でページを開き，解答のしかたをよく読んでください。

⑤解答は黒の HB の鉛筆で強めに記入してください。
書き直す場合には，消しゴムできれいに消してから記入してください。

⑥解答はすべて試験時間内に解答用紙の指定された箇所に記入してください。

⑦記入する数字は，下記の見本に従って書いてください。

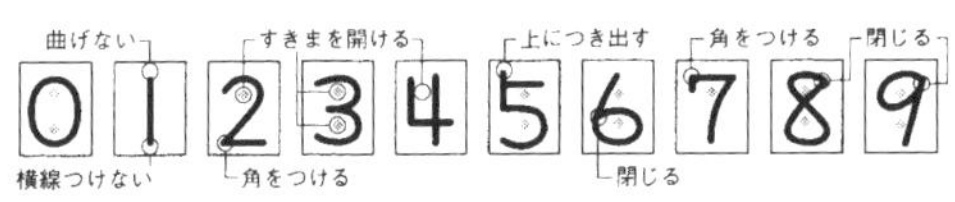

⑧アルファベットは大文字と小文字の判別ができるようにはっきりと書いてください。

■試験が終わっても，指示があるまで席を立たないでください。

■解答用紙は持ち帰ってはいけません。

■この問題冊子の無断転載，無断複製を禁じます。

22

第 1 部　Erster Teil

1. 第 1 部は問題 (**1**) から (**3**) まであります。
2. ドイツ語の短い会話を 2 回放送します。
3. 設問の答えとして最も適切なものを選択肢 **1** ～ **4** から選び，その番号を解答用紙の所定の欄に記入してください。
4. メモは自由にとってかまいません。

(**1**) Was macht der Gast?

1 Er bezahlt im Hotel Geld.
2 Er bezahlt in der Reisebank Geld.
3 Er wechselt im Hotel Geld.
4 Er wechselt in der Reisebank Geld.

(**2**) Was trägt Marias Sohn?

1 Er trägt ein blaues T-Shirt und eine rote Hose.
2 Er trägt ein braunes T-Shirt und eine rote Hose.
3 Er trägt ein rotes T-Shirt und eine blaue Hose.
4 Er trägt ein rotes T-Shirt und eine braune Hose.

(**3**) Wo kann der Kunde einen Kugelschreiber kaufen?

1 Im 2. Stock.
2 Im 3. Stock.
3 Im 4. Stock.
4 Im 5. Stock.

23

第 2 部　Zweiter Teil

1. 第 2 部は，問題 (**4**) から (**6**) まであります。
2. まずドイツ語の文章を放送します。
3. 次に，内容についての質問を読みます。間隔を置いてもう一度放送します。
4. 質問に対する答えとして最も適した絵をそれぞれ **1** ～ **3** から選び，その番号を解答用紙の所定の欄に記入してください。
5. 以下，同じ要領で問題 (**6**) まで順次進みます。
6. 最後に，問題 (**4**) から (**6**) までの文章と質問をもう一度通して放送します。
7. メモは自由にとってかまいません。

24

第 3 部　Dritter Teil

1. 第 3 部は，問題 (**7**) から (**10**) まであります。
2. まずドイツ語の会話を放送します。それに続き，この会話の内容に関する質問 (**7**) ～ (**10**) を読みます。
3. そのあと，約 30 秒の間をおいてから，同じ会話をもう一度放送します。
4. 次に質問 (**7**) ～ (**10**) をもう一度読みます。
5. 質問に対する答えとして，(**7**)，(**8**) には適切な一語を，(**9**)，(**10**) には算用数字を解答用紙の所定の欄に記入してください。なお，単語は大文字と小文字をはっきり区別して書いてください。
6. メモは自由にとってかまいません。
7. 質問 (**10**) の放送のあと，およそ 1 分後に試験終了のアナウンスがあります。試験監督者が解答用紙を集め終わるまで席を離れないでください。

(**7**) Lauras Hund ist ______________.
(**8**) Sie will das Poster in ihr ______________ hängen.
(**9**) Sie ist im Ausstellungsraum □□.
(**10**) Es ist □□ Uhr.

3級　# 2021年度 冬期 ドイツ語技能検定試験

聞き取り試験 解答用紙

受験番号	氏名

手書き数字見本
0 1 2 3 4 5 6 7 8 9
曲げない / 横線つけない / すきまを開ける / 角をつける / 上につき出す / 閉じる / 角をつける / 閉じる

【第 1 部】

(1)		(2)		(3)	

【第 2 部】

(4)		(5)		(6)	

【第 3 部】

(7) Lauras Hund ist ________________ .　　採点欄

(8) Sie will das Poster in ihr ________________ hängen.　　採点欄

(9) Sie ist im Ausstellungsraum □□.

(10) Es ist □□ Uhr.

冬期《3級》 ヒントと正解

【筆記試験】

1 発音とアクセント

正解 (1) 1 (2) 3 (3) 2 (4) 2

発音やアクセントの位置，母音の長短，文を読む際の強調箇所などに関する問題です。発音の基本的な規則の他に，特殊な読み方をする外来語などについての知識が必要です。

(1) ch の発音に関する問題です。ドイツ語では原則として，語頭に位置している ch は [ç] と発音し，一部の地名と多くの外国語に由来する語では語頭の ch を [k] と発音します。しかし，フランス語由来の語の中には，この原則があてはまらないものがあります。選択肢 **1** の Chance (機会，チャンス) がその一例です。この語はフランス語に由来するものであり，下線部 Ch は [ʃ] と発音します。選択肢 **2** の Charakter (性格)，選択肢 **3** の Chor (合唱)，選択肢 **4** の Christ (キリスト) はギリシア語からラテン語を経てドイツ語に移入された語であり，これらの語の下線部 Ch は [k] と発音されます。したがって，正解は選択肢 **1** です。[正解率 61.61%]

(2) 語のアクセントの位置に関する問題です。ドイツ語では原則として，語の最初の音節の母音にアクセントが置かれますが，語頭が非分離前つづり (be-, er-, ver- など) である場合や外来語の多くについては，最初の音節にアクセントが置かれません。四つの選択肢はいずれもギリシア語からラテン語を経てドイツ語に移入された語であるため，アクセントの位置に注意する必要があります。選択肢 **1** の Gymnasium (ギムナジウム) は a に，選択肢 **2** の Physik (物理学) は i に，選択肢 **4** の Symbol (シンボル) は o にアクセントが置かれます。ラテン語はもともと後ろから 2 番目の音節が長ければそこに，短ければそのさらに前の音節にアクセントが置かれます。しかし，ラテン語からドイツ語に入ってくると語末の音節が取れることが多いので (Physik は physica, Symbol は symbolum でした)，結局一つ一つアクセントの位置を確かめるしかありません。選択肢 **3** の Rhythmus (リズム) のみはラテン語と形は変わっておらず，後ろから 2 番目の音節，つまり最初の音節の y にアクセントが置かれます。したがって，正解は選択肢 **3** です。41.27% の解答が選択肢 **4** を選んでいました。Symbol は大文字と小文字の違いこそあれ，英語とスペルが同じですが，発音とアクセントが異なりますので留意してください。［正解率 40.12%］

（**3**）母音の長短に関する問題です。ドイツ語では原則として，アクセントが置かれる母音に続く子音字が一つの場合，その母音は長く，続く子音字が二つ以上であれば短く読まれます。しかし，外国語に由来する語であるなどの理由から，日常生活でよく使われる単語であってもこの法則にあてはまらないものがあります。選択肢 **1** の Jagd（狩猟）では下線部の a を長く発音します。動詞の jagen（狩る）から派生した語であるためです。選択肢 **2** の Kanal（運河）では第 2 音節の a にアクセントが置かれます。この語はラテン語からイタリア語を通じてドイツ語に移入された語であり，多くのラテン語由来の語と同様にアクセントが最後の音節に置かれます。アクセントが置かれる a は長く読まれますが，下線部の a は短い音となります。選択肢 **3** の Malerei（絵画）は動詞 malen（描く）からの派生語です。下線部 a にはアクセントがないものの，malen に準じて長く読まれます。ちなみに，女性名詞を作り出す -ei という接尾辞には常にアクセントを置きます。選択肢 **4** の Nachricht（知らせ，ニュース）の下線部 a は長く読まれます。したがって，正解は選択肢 **2** です。48.27% の解答が選択肢 **4** を選んでいましたが，ch の前に位置する母音は，長く読む音と短く読む音に分かれます。例えば，前置詞 nach（〜へ，〜の後）の a は長く読まれ，Bach（小川）の a は短く読まれます。ch を含む語の場合は，個々の単語の発音を正確に覚えるようにしましょう。［正解率 29.41%］

（**4**）文の中で最も強調して発音される語を選ぶ問題です。一般的に，文の中で最も重要な情報である語が強調して発音されます。**A** が「きみは今日の午後テニスをする気ある？」と尋ねています。これに対して **B** は「する気はないな，今日は私には暑過ぎるよ」と答えています。**B** の回答の中で新しい情報は heiß という気温に関するものであり，「暑い」ことを理由として **B** は **A** の誘いを断っているため，heiß が最も伝えたい内容と考えられます。したがって，正解は選択肢 **2** です。［正解率 85.50%］

◇この問題は 12 点満点（配点 3 点×4）で，平均点は 6.50 点でした。

1 ここがポイント！

＊発音やアクセントの位置などの基本的な原則を覚えることに加えて，特に頻繁に使われる外来語や非分離前つづりを含む語の発音についての知識を身につけよう！
＊発音する際には，その語がどの語に由来してできたのかについても意識しよう！
＊ch を含む語の発音は特に注意が必要。個々の単語の発音を丁寧に覚えよう！
＊会話においては重要な情報が何であるかを意識して，それが相手に伝わるように強調して発音するよう心がけよう！

2 前置詞

正解 **(1) 4 (2) 1 (3) 2 (4) 2**

前置詞に関する問題です。前置詞は，時間や場所などさまざまな意味関係を表します。また，特定の動詞や形容詞との組み合わせで用いられる場合があります。そうした「動詞＋前置詞」，「形容詞＋前置詞」の組み合わせはひとまとまりの表現として覚えましょう。

(1) beworben は動詞 bewerben の過去分詞で，前置詞 um と結びつき，sich⁴ um et⁴ bewerben 全体で「～に応募する」という意味を表します。したがって，正解は選択肢 **4** の um です。問題文は「その学生は奨学金に応募した」という意味です。なお，選択肢 **3** の in を選んだ解答が 32.70%，選択肢 **1** の an を選択した解答が 28.09% ありましたが，これらの前置詞が bewerben と結びつく用法はありません。[正解率 24.88%]

(2) 動詞 denken は前置詞 an と結びつき，an jn/et⁴ denken で「～のことを思う，考える」という意味を表します。したがって，正解は選択肢 **1** の an です。問題文は「きみはもっと自分の家族のことを考えたほうがよい」という意味です。なお，選択肢 **2** の auf を選んだ解答が 38.06% ありましたが，動詞 denken が前置詞 auf と結びつく用法はありません。[正解率 49.26%]

(3) 前置詞 aus は素材や材料を表すときにも用いられます。そして，動詞 bestehen と結びつく場合，「～から成る，構成されている」という意味を表します。

したがって，正解は選択肢 **2** の aus で，問題文は「そのおもちゃは木材でできている」という意味です。なお，選択肢 **4** の von を選んだ解答が 21.83% ありました。前置詞 von は素材ではなく，原因，制作者，方法などを表し，動詞 bestehen と結びつく用法はないので，選択肢 **2** の aus が最も適切な解答になります。[正解率 49.84%]

(**4**) angefangen は動詞 anfangen (～を始める) の過去分詞で，その始める対象は，前置詞 mit を使って表します。したがって，正解は選択肢 **2** の mit です。問題文は「今年，私の娘はライプツィヒでの大学生活を始めた」という意味です。なお，選択肢 **4** の zu を選択した解答が 31.30% ありました。前置詞 zu は場所や目的を表しますが，動詞 anfangen と結びつく用法はありません。[正解率 44.32%]

◇この問題は 12 点満点 (配点 3 点×4) で，平均点は 5.05 点でした。

2 ここがポイント！

* ＊前置詞 aus は素材を表すときに使われるなど，前置詞の基本的な意味と格支配を覚えよう！
* ＊動詞 bestehen が前置詞 aus と結びつくと「～から成る」という意味を表すように，特定の動詞や形容詞と結びつく前置詞の用法を覚えよう！

3 動詞と助動詞 (現在完了形・過去形・命令形・zu 不定詞)

正解 (**1**) **1** (**2**) **4** (**3**) **2** (**4**) **3**

動詞や助動詞に関する問題です。現在完了形，過去形，命令形，zu 不定詞など，さまざまな時制や用法における適切な形を選ぶ必要があります。

(**1**) 文末に置かれた gewesen は，動詞 sein (いる，～である) の過去分詞であることから，問題文は「きみは昨晩どこにいたの？」という意味であると予想されます。空欄に完了の助動詞の現在形を入れ，文末の過去分詞 gewesen とセットで用いることで，現在完了形が構成されます。完了の助動詞には haben，sein の 2 種類がありますが，セットになる動詞に合わせて使い分ける必要があります。sein は，完了の助動詞として sein を取り，問題文では主語が du なので bist という形になります。したがって，正解は選択肢 **1** です。[正解率 52.97%]

（**2**）選択肢はいずれも動詞 haben（～を持っている）の人称変化形です。選択肢 **1** と選択肢 **2** は現在形，選択肢 **3** と選択肢 **4** は過去形であることに注意しましょう。問題文には gestern（昨日）という語があるので，この文は過去のできごとを表していることがわかります。主語 die Kinder（子どもたち）が 3 人称複数であるため，過去基本形 hatte に語尾 -n をつけ，hatten とします。したがって，正解は選択肢 **4** です。問題文は「子どもたちは昨日たくさん宿題があった」という意味です。［正解率 61.61%］

（**3**）問題文では，コンマの後に Mia und Lena（ミーアとレーナ）と 2 人の人物の名前が置かれ，さらに文末に感嘆符（！）がついていることから，これが 2 人に対する命令・依頼の表現であることがわかります。選択肢にはいずれも動詞 sein（～である）の変化形が挙げられていることから，問題文は「静かにしなさい，ミーアとレーナ！」という意味になることが予想できます。動詞 sein を命令形にする場合，不規則変化をするので注意が必要です。命令形には① du に対する命令，② ihr に対する命令，③ Sie に対する命令の 3 種類がありますが，それぞれ① Sei ...!，② Seid ...!，③ Seien Sie ...! という形を取ります。ミーアとレーナはいずれもファーストネームであり，通常ファーストネームで呼びかける相手には単数であれば du，複数であれば ihr を使いますから，ここでは ihr に対する命令である②の形を選びます。したがって，正解は選択肢 **2** です。［正解率 45.30%］

（**4**）問題文はコンマで二つの部分に区切られていますが，前半部は「モニカは（次に述べる事柄に）慣れた」という意味の現在完了形の文であり，後半部では前半部で予告されていた内容が述べられます。選択肢には分離動詞 aufstehen（起きる）の変化形が挙げられていることから，問題文全体では「モニカは毎朝 5 時に起きることに慣れた」という意味になることがわかります。ここでは動詞 gewöhnen の使い方に気をつけましょう。この動詞は sich⁴ an jn/et⁴ gewöhnen と，再帰代名詞と共に用いることで「～に慣れる」という意味になり，問題文では現在完了形で用いられています。ここに daran という形が見られますが，これは前置詞 an と事物を表す代名詞の結合形で，後続の内容，すなわちモニカが慣れた事柄を表します。モニカが慣れたのは「毎朝 5 時に起きること」であり，これを zu 不定詞句で表現します。したがって，正解は選択肢 **3** です。なお，分離動詞の zu 不定詞の場合，zu は前つづりと動詞部分の間に挿入されます。［正解率 56.26%］

◇この問題は 12 点満点（配点 3 点×4）で，平均点は 6.48 点でした。

3 ここがポイント！

＊さまざまな助動詞（完了・受動・使役・話法の助動詞など）の用法を覚える際には，ペアになる要素がどのような形を取るのか（不定形，過去分詞，zu 不定詞）もあわせて覚えるようにしよう！

＊過去分詞や zu 不定詞など，動詞のさまざまな形をコツコツと確実に覚えていこう！

4 代名詞・疑問詞・接続詞など

正解 **(1) 2　(2) 4　(3) 3　(4) 2**

疑問詞，関係代名詞，接続詞に関する問題です。

(1) 疑問詞に関する問題です。問題文では動詞 besuchen（〜を訪れる）の過去分詞が使われています。besuchen は 4 格目的語を必要とする他動詞ですが，問題文には 4 格の名詞，代名詞が見あたらないことから，空欄に 4 格となる語が入ることが推測できます。選択肢 **1**（wann）は時を尋ねる疑問副詞で，文中に時を示す gestern（昨日）がすでにあるため適切ではありません。選択肢 **3**（wo）は場所を，選択肢 **4**（wohin）は行き先を尋ねる疑問副詞ですので，あてはまりません。wo は，sein（〜がある）や stehen（立っている）などの自動詞と共に使われます。選択肢 **2**（wen）は疑問代名詞 wer（誰）の 4 格の形で，besuchen の目的語になることができます。したがって，正解は選択肢 **2** です。問題文は「きみは昨日誰を訪ねたの？」という意味です。なお，選択肢 **3** を選んだ解答が 40.20% ありました。［正解率 20.18%］

(2) 接続詞に関する問題です。問題文のうち空欄を除いた部分は「日本 noch 中国」「ヨーロッパに位置している」という意味ですが，日本と中国はヨーロッパにはないので，全体として否定文にする必要があります。ここで注目すべきは，Japan と China の間に挿入されている noch です。ここから相関接続詞 weder ... noch ...（〜でも…でもない）が用いられていることが予測できます。したがって，正解は選択肢 **4** です。選択肢 **1** の entweder は，相関接続詞 entweder ... oder ... で，「〜か…か（どちらか一方）」という意味を表します。選択肢 **2** の kaum は「ほとんど〜でない，〜するやいなや」という意味の副詞です。選択肢 **3** の nicht nur は，相関接続詞 nicht nur ... sondern auch ... で，「〜だけでなく…も」という意味を表します。問題文は「日本も中国もヨーロッパに位置していな

い」という意味です。なお，選択肢 **3** を選んだ解答が 35.26% ありました。［正解率 37.48%］

(**3**) 接続詞に関する問題です。als から始まる後半の副文の末尾にある hätte に注目します。hätte は動詞 haben の接続法第Ⅱ式の形であることから，この副文が事実として成立していない事柄を表していると判断できます。このことから，問題文の als は，主に直説法の動詞と共に用いられ，比較を表す「～よりも」や時間的に使われる「～した時」という意味ではなく，非現実の同等比較「～かのように」を意味することが予想されます。als は als ob＋接続法第Ⅱ式というまとまりで「まるで～かのように」という意味を表します。したがって，正解は選択肢 **3** です。問題文は「その学生はあたかも試験に合格しなかったかのように振る舞った」という意味です。なお，選択肢 **2** を選んだ解答が 25.78% ありました。［正解率 57.41%］

(**4**) 関係代名詞に関する問題です。問題文の前半部は「そこに猫たちがいる」という意味です。後半部は動詞 geben の定形 gebe が後置されています。そのことから，後半部が副文であること，また，空欄には副文を導く語が入ることが予想されます。さらに，四つの選択肢から，その語が関係代名詞に相当することがわかります。関係代名詞は先行詞の性と数，また関係文中での文法的役割に応じて形が異なります。先行詞はふつう関係代名詞の直前にあります。問題文の場合，先行詞は die Katzen です。主文の定動詞が sind であることから，die Katzen が複数形であることがわかります。一方，関係文中の主語は ich です。また，Futter (えさ) は，動詞 geben が 3 格目的語と 4 格目的語を取る動詞であることから，4 格であると推測できます。このことから，後半部では，猫たちがえさをあげる対象，つまり geben の 3 格目的語にあたると判断できます。空欄には複数 3 格の関係代名詞 denen を入れるのが適切です。したがって，正解は選択肢 **2** です。問題文は「そこに私が毎日えさをあげる猫たちがいる」という意味です。なお，選択肢 **4** を選んだ解答が 24.22% ありましたが，deren は女性単数 2 格，複数 2 格のときの形です。［正解率 42.83%］

◇この問題は 12 点満点 (配点 3 点×4) で，平均点は 4.74 点でした。

4 ここがポイント！

＊動詞を覚える際，4格目的語を必要とする動詞（他動詞）なのか，4格目的語を必要としない動詞（自動詞）なのか，再帰代名詞を必要とする動詞（再帰動詞）なのかを整理してみよう！

＊weder ... noch ...，nicht ... sondern ...，sowohl ... als auch ... のような2語以上の組み合わせからなる相関接続詞を覚えよう！

5 語彙（動詞・副詞・慣用的表現など）

正解　（1）4　（2）1　（3）3　（4）3

動詞，副詞，慣用的表現などに関する問題です。よく使われる言い回しに関する知識や，文脈に合わせて適切な語を選ぶ力が求められます。

（**1**）問題文は「質問（　　）よろしいですか？—はい，もちろんです」という意味の会話文です。eine Frage と組み合わせて「質問する」という表現になる動詞を選択する必要があります。「質問する」は eine Frage stellen ですので，正解は選択肢 **4** です。stellen は「～を立てる」，「～を置く」という意味で用いられる動詞ですが，Frage を含む特定の名詞とともに「～をする」という意味でも用いられます。なお，選択肢 **3** の machen を選んだ解答が 51.65% ありました。「サッカーをする」，「スキーをする」といった表現が machen ではなくそれぞれの名詞に合った動詞を必要とするのと同じく，Frage も stellen とともに用いられます。特定の動詞との結びつきで用いられることが多い名詞は，ともに使われる動詞と合わせて覚えておくことが重要です。［正解率 17.96%］

（**2**）問題文は「その映画はどれくらい時間がかかりますか？—（　　）2時間です」という意味の会話文です。選択肢 **2** と選択肢 **4** は，それぞれ viel（多い）と wenig（少ない）の比較級です。いずれも数字 zwei の前に als（～よりも）があれば正解になりえますが，als がないので表現として成立しません。選択肢 **1** の etwa は「約」という意味で使われる副詞です。したがって，正解は選択肢 **1** です。ungefähr も同様の意味で用いられる副詞ですのでまとめて覚えておきましょう。［正解率 67.63%］

（**3**）問題文の空欄より後ろの部分は「飛行機に一人の医者が居合わせており，私の命を救ってくれました」という意味です。つまり「私」がたまたま居合わせた医者に命を救われたという幸運な体験を語っています。選択肢のうちこの文脈に合うのは選択肢 **3** の Glück (幸運) です。選択肢 **1** は「成功」, 選択肢 **2** は「食事」, 選択肢 **4** は「父」ですので, いずれも適切な表現ではありません。したがって, 正解は選択肢 **3** です。zum Glück で「幸運にも」という意味を表します。[正解率 57.66%]

(**4**) 問題文は「もう一切れケーキいる?—いや, いいよ。もう (　　) だよ」という意味の会話文です。ケーキをさらに一切れすすめられて断っていますので, 選択肢 **1** の hungrig (おなかがすいている) は文脈に合いません。また, 選択肢 **2** の lang (長い) は時間表現ですのでこの文では適切ではありません。選択肢 **3** の satt は「満腹した」という意味の形容詞です。これ以上ケーキがいらない理由として適切な表現ですので, 選択肢 **3** が正解です。選択肢 **4** の viel (多い) を選んだ解答が 51.24% ありました。viel は食べる量や食事自体の量などをあらわす場合に用いることはできますが, この文の主語は ich で動詞は bin ですので, 多いのは主語そのものとなってしまい正解にはなりえません。[正解率 36.74%]

◇この問題は 12 点満点 (配点 3 点×4) で, 平均点は 5.40 点でした。

5 ここがポイント!

＊名詞を覚える際には, 特定の結びつきで使われる動詞もチェックしておこう!
＊単語の意味だけではなく, 文法や文脈にも注目して正解を導き出そう!

6 手紙文理解

正解 (**1**) **3** (**2**) **1** (**3**) **1**, **5** (順不同)

メールの文面を読んだ上で内容を正しく理解できるかどうかを問う問題です。ドイツ語のメールには, 手紙に準じた独自の形式があります。以下は, 問題で使用されたテキストの日本語訳です。

送信者: ヨハンナ・キルヒナー
受信者: ハジメ・タナベ, ベン・ブラウン, エレーナ・ヴェーバー, ミーラ・ヴァーグナー, ヴィンセント・ホフマン, …
件名: レーナ・シリンガー教授・講演会のご案内

日付：2021 年 12 月 5 日

学生各位

コンスタンツ大学ドイツ文学語学科にレーナ・シリンガー教授をお招きして行う講演会について，皆さまにご案内いたします。(本講演会では) シリンガー教授が「ドイツ文学における芸術と宗教」についてお話してくださいます。

講演会は 2022 年 1 月 31 日の 14 時に開催されます。当日は，COVID-19 の状況から，(**A**) 大学の 206 教室でもオンラインでも講演会への参加が可能です。多大なる (**B**) を持って本講演会にご参加いただけると大変嬉しく思います。参加費は無料ですが，講演会に参加を希望される方は，申し込みをお願いいたします。申し込み締切は 2022 年 1 月 14 日です。私のメールアドレス宛にお申し込みください。

大学の教室での参加を希望される方には，大学の敷地や構内でのマスク着用ならびにソーシャル・ディスタンスの距離規則の遵守をお願いいたします。

敬具

ヨハンナ・キルヒナー

テキストは，ヨハンナ・キルヒナーさんが学生たちに宛てたメールの文面です。キルヒナーさんがシリンガー教授の講演会の案内をしていることがテーマとなっています。この問題では，文脈的に適切な語を選択できるかどうか，文意を正確に理解できるかどうか，テキストの内容を正しく把握できるかどうかが問われています。

(**1**) は，下線部 (**A**) の言い換えとして適切なものを選ぶ問題です。下線部 (**A**) は「大学の 206 教室でもオンラインでも講演会に参加 (できます)」という意味であり，相関接続詞 sowohl ... als ... (～も…も) が用いられています。三つの選択肢の意味は以下の通りです。

1　大学の 206 教室で講演会に参加するよりオンラインで参加…

2　大学の 206 教室ではもうなくなり，オンラインでのみ参加…

3　大学の 206 教室のみならず，オンラインでも講演会に参加…

下線部 (**A**) を含む文は，講演会への「教室での参加」と「オンラインによる参加」の両方の可能性を等しく提示しています。選択肢 **1** は，lieber という副詞から，「教室での参加」よりも「オンラインによる参加」の方に重点が置かれているため，適切ではありません。同様に選択肢 **2** も，nicht mehr ... sondern nur

... (もう～ではなく…だけ) という接続表現から,「オンラインによる参加」にのみ重点が置かれているため，適切ではありません。選択肢 **3** は，相関接続詞 nicht nur ... sondern auch ... (～だけでなく…も) が用いられており，両方の参加形式の可能性が等しく提示されているため，適切です。したがって，正解は選択肢 **3** です。[正解率 71.75%]

(**2**) は，空欄 (**B**) を埋めるのに適切な名詞を選ぶ問題であり，文脈を適切に把握する力と語彙力が求められています。空欄 (**B**) を含む文は「あなたたちがそれに大きな (**B**) をもってご参加くださると大変嬉しく思います」という意味です。このテキストでは「講演会への参加」が話題になっていますので，講演会に参加する際に何を持ち合わせていればキルヒナーさんが嬉しく思うのかがポイントとなります。選択肢 **1** の Interesse は「関心，興味」，選択肢 **2** の Plan は「計画」，選択肢 **3** の Vertrauen は「信頼」，選択肢 **4** の Zufall は「偶然」という意味です。また，空欄 (**B**) の直前に，形容詞 groß (大きい) の格語尾がついた形 großem があることにも注意します。選択肢 **2** の Plan では，「大きな計画をもって」となり，講演会に参加するために「大きな計画」は不要ですので適切ではありません。選択肢 **3** の Vertrauen では，「大きな信頼をもって」となり，誰に対する信頼なのか不明ですので適切ではありません。選択肢 **4** の Zufall では，「大きな偶然」となり，講演会へ参加するという文脈とは結びつかないため適切ではありません。したがって，正解は選択肢 **1** です。なお，選択肢 **2** を選んだ解答が 18.04% ありました。[正解率 56.92%]

(**3**) は，テキストの内容に合致する選択肢を選ぶ問題です。選択肢 **1** は「講演会は 2022 年 1 月 31 日にコンスタンツ大学で開催されます」という意味です。テキスト第 1 段落第 1 文で講演会がコンスタンツ大学で行われることに触れ，第 2 段落第 1 文で講演会が 2022 年 1 月 31 日に開催されると述べていますので，選択肢 **1** は正解です。[正解率 63.26%] 選択肢 **2** は「キルヒナーさんは講演会に参加することを楽しみにしています」という意味です。つまり,「キルヒナーさん自身が講演会へ参加することを心待ちにしている」ということになります。テキストでは，キルヒナーさんは学生たちが参加してくれたら嬉しいとは言っていますが，自分自身が参加するかどうかについてはテキスト全体を通じて書かれていません。したがって，選択肢 **2** は不正解です。選択肢 **3** は「講演会に参加するためには，シリンガー教授に申し込む必要があります」という意味です。テキスト第 2 段落の最後の文で,「私のメールアドレス宛にお申し込みください」とあり，申し込み先がシリンガー教授ではなく，キルヒナーさんのメールアドレスになっていることがわかります。したがって，選択肢**3**は不正解です。選択肢**4**は「講演会参加者は1月14日に206教室で申し込む必要があります」という意味です。テキスト第2段落の最後から二つ目の文で申し込みの締切が2022年1月14日であると言っていますが，その次の文で申し込み先がキルヒナーさんのメールアドレスであると書かれています。したがって，選択肢**4**は不正解です。選択肢**5**は「教室での参加者はマスクをし，十分な距離を取る必要があります」という意味です。テキスト第3段落の最後の文で「大学の教室での参加を希望される方には，大学の敷地や構内でのマスク着用ならびにソーシャル・ディスタンスの距離規則の遵守をお願い」するとあります。したがって，選択肢**5**は正解です。［正解率73.31%］

◇この問題は12点満点（配点3点×4）で，平均点は7.96点でした。

6 ここがポイント！

＊案内メールや手紙で使われる書き出しや結びなどの定型表現を覚えよう！
＊「いつ・どこで・誰が・何を・誰に」という情報を把握できるようにしよう！
＊講演会などのイベントの案内メールでは，開催日時だけでなく，申し込み期日や参加料金，参加方法や参加条件も正確に読み取ろう！

7 会話文理解

正解　**(a)　2　　(b)　8　　(c)　5　　(d)　7　　(e)　3**

空欄に適切な表現を補い，意味的に自然な流れの会話文を完成させる問題です。選択肢の文の意味を正しく理解するだけでなく，空欄の前後の文の意味を把握して，会話の流れを追いながら空欄に入れるべき選択肢を決定します。テキストは，夏休みの後に久しぶりに会ったヨハンと留学生マコトの会話です。

内容
マコト：やあ，ヨハン。きみは夏，家にいなかったよね？
ヨハン：やあ。うん，その通りだよ。ぼくは3週間山に行っていたんだ。
マコト：ああ，そうなんだ。**(a)**
ヨハン：旅行じゃなかったんだ。南ドイツのガルミッシュ・パルテンキルヒェンを知っている？ そこにあるホテルでアルバイトをしていたんだ。ガルミッシュ・パルテンキルヒェンは人気のある観光地だよ。(**b**) だから，特に夏と冬にホテルが多くの労働力を必要とするんだ。

マコト：それはきっとよかったでしょう。きみの趣味は山登りって言っていたからね。そこのすぐ近くにドイツで一番高い山があったよね？ (**c**) その山の名前をすっかり忘れちゃった。

ヨハン：ツークシュピッツェだよ。時間があるときにはロープウェーでその山に登ったよ。山の上の景色は本当に見事なんだ。

マコト：ぼくは一度ツークシュピッツェの辺りも訪れてみたいよ。(**d**)

ヨハン：うん，もちろん！ 次の冬休みにスキーをしに一緒にそこへ行こうよ。そこの雪は素晴らしいよ。きみはスキーできる？

マコト：(**e**) 日本で 2 ～ 3 回スキーをしたことがあるよ。

ヨハン：問題ないさ。一緒にスキーしよう！

1 なぜきみはアルバイトしたの？
2 きみはどこへ旅行に行ったの？
3 うん，でも少しだけね。
4 大勢の観光客が海水浴をしていた。
5 その山は何という名前だっけ？
6 ドイツで一番高い山はどこにあるの？
7 そこではきっと冬にもたくさんのことができるね。
8 多くの人たちが自然を楽しむためにそこにやって来るんだ。

(**a**)：(**a**) の発言の後にヨハンが「旅行じゃなかったんだ」と言い，続いて南ドイツのガルミッシュ・パルテンキルヒェンという地名が話題となっています。会話の自然な流れとして選択肢 **2** の「きみはどこへ旅行にいったの？」が正解です。マコトは，3 週間にわたって家を留守にしていたヨハンのことを，旅行していたのだと勘違いしたと考えることができます。［正解率 81.05%］

(**b**)：ガルミッシュ・パルテンキルヒェンが人気のある観光地であると述べた後に，(**b**) と発言し，さらに夏と冬にホテルがたくさんの労働力を必要とすると語られています。このことから，(**b**) ではホテルがたくさんの労働力を必要とする理由が述べられていると予想できます。したがって，選択肢 **8** の「多くの人たちが自然を楽しむためにそこにやって来るんだ」が正解です。30.56% の解答が選択肢 **4** の「大勢の観光客が海水浴をしていた」を選んでいました。im Meer baden で「海水浴をする」の意味です。また，この文の時制は現在完了形であり，

前後の文とは意味的につながらないため適切ではありません。[正解率 58.81%]

(**c**): マコトがドイツで最も高い山について話題にした上で,(**c**) と発言し,さらに「その山の名前をすっかり忘れちゃった」と言います。それに続いてヨハンが,Zugspitze (ツークシュピッツェ) という山の名前を教えてくれます。このことから,(**c**) ではドイツで最も高い山の名前を尋ねていると推測できます。したがって,正解は選択肢 **5** の「その山は何という名前だっけ?」です。[正解率 71.83%]

(**d**): マコトが「ツークシュピッツェの辺りも訪れてみたい」と述べてから,(**d**) と言います。それに対してヨハンは,「うん,もちろん」と答えます。Ja で始まる回答を導くのは一般的に定形の動詞から始まる決定疑問文ですが,選択肢の中には決定疑問文がありません。そこで,ヨハンの発言の続きに注目します。「次の冬休みにスキーをしに一緒にそこへ行こうよ」と,ヨハンはマコトを誘います。ここで話題が冬に関することであると判断できます。したがって,正解は選択肢 **7** の「そこではきっと冬にもたくさんのことができるね」です。[正解率 64.74%]

(**e**): ヨハンがマコトに,スキーができるかどうか尋ねます。それに対して,マコトが (**e**) と答えます。定形の動詞から始まる決定疑問文に対する答えとして,ja や nein, doch で始まる文が最も適切です。したがって正解は,会話の流れとしても自然な選択肢 **3** の「うん,でも少しだけね」です。ein bisschen (少し) という表現も覚えましょう。[正解率 93.33%]

◇この問題は 15 点満点 (配点 3 点×5) で,平均点は 11.09 点でした。

7 ここがポイント!

*最初に文全体の内容を把握しよう!
*空欄の前後の文の種類に注意しよう! 文頭に定形の動詞がある決定疑問文ならば,それに続く返答は ja / nein / doch で始まる文であることが多く,疑問詞で始まる補足疑問文であれば,返答の文が疑問詞に対応する情報を含むことが手がかりとなる。ただし,この法則にあてはまらない場合もあるため,文の意味を正確に理解することも心がけよう!
*時制などにも注意して,会話の流れが自然になるかどうかを見極めよう!

8 テキスト理解（内容合致）

正解 **2, 4, 7, 8**

一定の長さのまとまったテキストを読み，内容を正しく理解できるかどうかを問う問題です。テキストは，試験のために作成されたオリジナルです。

内容：

「森の幼稚園」，すなわち森の中にある幼稚園とは，幼稚園の選択的形式の一つである。それはデンマークに由来し，ドイツにおいても非常に広範囲に広がってきた。1993 年にドイツ初の森の幼稚園がシュレースヴィヒ・ホルシュタイン州のフレンスブルクに誕生した。今日ではドイツ連邦全土にわたって約 1500 の森の幼稚園がある。

「屋根と壁のない幼稚園」― 森の幼稚園はしばしばこのように呼ばれる。たいていの森の幼稚園には建物がない。このことが，通常の幼稚園との最大の違いである。森の幼稚園では，子どもたちと先生たちは，毎朝，待ち合わせ場所で落ち合うと，それから一緒に森の中へ行き，そこで午前中を過ごす。森の中にはおもちゃはない。したがって子どもたちは，自分で自然の中で見つけた物を使って遊ぶ。そして彼らは歌ったり，踊ったり，森の植物や動物について多くのことを学んだりする。子どもたちは自分の昼食と飲み物をリュックサックに入れて持って来る。屋外でのこうした活動は，基本的にどんな天候の時でも行われる。つまり，雨または雪の時も，子どもたちはコートや長靴を身につけ，森の中でその日を過ごすのだ。

多くの研究者たちは，この哲学を支持し，森の中での教育には多くの利点と好ましい効果があると言っている。自然と触れ合う中で子どもたちは，どのように自然とつき合っていけばよいかを学ぶことができる。さらに森の幼稚園の子どもたちは強い免疫システムを持ち，通常の幼稚園の子どもたちよりも健康において丈夫である。

【語彙】 alternativ: 選択的な，別の，代わりの　aus et^3 stammen: ～に由来する　sich^4 treffen: 会う　Erzieher: 教育者（幼稚園や保育園，託児所の先生をこのように呼ぶ）　im Freien: 野外で，屋外で　unterstützen: 支持する　Erziehung: 教育　Vorteil: 利点，長所　stabil: しっかりした，安定した

選択肢 **1** は，テキストの内容に合致せず，不正解です。テキスト第 1 段落において触れられている 1993 年という年は，ドイツ初の森の幼稚園が誕生した年で

あり，デンマークの森の幼稚園についてのものではありません。選択肢**2**は，第1段落の最後の文「今日ではドイツ連邦全土にわたって約1500の森の幼稚園がある」に合致します。したがって，選択肢**2**は正解です。[正解率88.06%] 選択肢**3**は，第2段落の「たいていの森の幼稚園には建物がない」という内容に合致しません。したがって，選択肢**3**は不正解です。選択肢**4**は，第2段落の「子どもたちは，自分で自然の中で見つけた物を使って遊ぶ」という内容に合致します。したがって，選択肢**4**は正解です。[正解率93.08%] 選択肢**5**について，第2段落で森の幼稚園の子どもたちが歌ったり踊ったりすることは述べられていますが，危険な動物から身を守るためにそれをしているという内容はテキスト全体を通じて書かれていません。したがって，選択肢**5**は不正解です。選択肢**6**について，第2段落に「彼ら（＝子どもたち）は自分の昼食と飲み物をリュックサックに入れて持って来る」とありますが，森の中で見つけた食材を持ち帰るという記述はありません。したがって，選択肢**6**は不正解です。選択肢**7**は，第2段落の最後にある「雨または雪の時も，子どもたちはコートや長靴を身につけ，森の中でその日を過ごす」という内容に合致します。したがって，選択肢**7**は正解です。[正解率91.02%] 選択肢**8**は，第3段落の「多くの研究者たちは，この哲学を支持し，そして森の中での教育には多くの利点と好ましい効果があると言っている」という内容に合致します。したがって，選択肢**8**は正解です。[正解率96.21%]

◇この問題は12点満点（配点3点×4）で，平均点は11.05点でした。

8 解説のまとめ

* 知らない単語が含まれている文であっても，前後の文や話の流れの中から類推できることも多い。焦らずにじっくりと読み込んでみよう！
* 時事的な話題や，地理や歴史に関する知識が，テキストを読み解く上で大きな助けとなることがある。普段からさまざまな情報を収集し，有効に活用しよう！

【聞き取り試験】

第1部 会話の重要情報の聞き取り

正解 (1) 3　(2) 3　(3) 4

放送された短い会話を聞き，質問に対する答えとして最も適切な選択肢を選ぶ問題です。会話は 2 回放送されます。質問と選択肢は「解答の手引き」に記載されています。質問と選択肢の内容を確認した上で，質問に関わる情報を正しく聞き取る力が求められます。

放送 問題 **1**

A: Guten Tag! Kann ich Ihnen helfen?

B: Guten Tag! Ich möchte Geld wechseln. Aber heute ist Sonntag, und die Reisebank ist geschlossen. Wo kann man Yen in Euro umtauschen?

A: Das ist kein Problem. Sie können hier in unserem Hotel Geld wechseln.

B: Super! Können Sie mir bitte 50 000 Yen in Euro wechseln?

A: Ja, gern.

内容:

A: こんにちは。何かご入用ですか？

B: こんにちは。お金を両替したいのです。ですが今日は日曜でして，ライゼバンクが閉まっています。どこで円をユーロに交換できますか？

A: 問題ございません。こちらの私どものホテルで両替できます。

B: 素晴らしい。5 万円をユーロに換えてくださいますか？

A: はい，かしこまりました。

質問文: Was macht der Gast?

質問文は「宿泊客は何をしますか？」という意味です。会話は，ホテルのスタッフ (**A**) と宿泊客 (**B**) との間でなされています。会話の内容を把握し，宿泊客が最終的に何をすることとなるのかを聞き取る必要があります。選択肢 **1** は「彼はホテルでお金を払う」，選択肢 **2** は「彼はライゼバンクでお金を払う」，選択肢 **3** は「彼はホテルで両替をする」，選択肢 **4** は「彼はライゼバンクで両替をする」という意味です。宿泊客は円をユーロに両替したがっているのですが，日曜日であるためにライゼバンクが休業しており，どうするべきか困っています。ライゼバンクは外貨取引などで旅行者が利用することが多い銀行です。ホテルのスタッフが，自分たちのホテルでも両替できることを述べ，宿泊客はホテルで両替をしてもらうこととします。したがって，正解は選択肢 **3** です。［正解率 72.16%］

放送　問題 **2**

A: Meine Tochter spielt hier im Park sehr gerne Fußball. Spielt dein Kind auch oft hier, Maria?

B: Ja, mein Sohn spielt gerade dort hinten. Siehst du das Kind mit dem roten T-Shirt und der blauen Hose?

A: Ja, ja! Ich sehe ihn. Dein Sohn spielt sehr gut Fußball. Er wird sicher ein guter Fußballspieler!

B: Danke! Und wo ist deine Tochter, Lukas?

A: Meine Tochter ist da vorne. Sie hat ein braunes T-Shirt und eine rote Hose an.

内容:

A: ぼくの娘はここの公園でサッカーをするのがすごく好きなんだ。きみのお子さんもよくここで遊んでいるの？ マリア。

B: ええ，私の息子はちょうどあちらの奥のほうで遊んでいるのよ。赤い T シャツと青いズボンを着ている子どもが見える？

A: うんうん。見えるよ。きみの息子さんはサッカーがとても上手だね。彼はきっとうまいサッカー選手になるよ。

B: ありがとう。それできみの娘さんはどこ？ ルーカス。

A: ぼくの娘はそこの手前にいる。茶色の T シャツと赤いズボンを着ているよ。

質問文: Was trägt Marias Sohn?

質問文は「マリアの息子は何を着ていますか？」という意味です。会話は公園で子どもを遊ばせているルーカス (**A**) とマリア (**B**) との間でなされています。服の種類や色などを聞き取る力が要求されます。選択肢 **1** は「彼は青い T シャツと赤いズボンを身につけている」，選択肢 **2** は「彼は茶色の T シャツと赤いズボンを身につけている」，選択肢 **3** は「彼は赤い T シャツと青いズボンを身につけている」，選択肢 **4** は「彼は赤い T シャツと茶色のズボンを身につけている」という意味です。ルーカスの娘とマリアの息子が公園でサッカーをしています。ルーカスとマリアはそれぞれの娘と息子がどこにいるのかを，着ているものによって判別しています。正解は選択肢 **3** です。56.18% の解答が選択肢 **4** を選んでいましたが，色を示す形容詞の blau（青い）と braun（茶色の）の違いを聞き取る必要があります。［正解率 35.83%］

放 送　問題 **3**

A: Entschuldigung! Ich suche einen Kugelschreiber. Kann man in diesem Kaufhaus Schreibwaren kaufen?

B: Ja, natürlich! Die Schreibwaren gibt es im fünften Stock. Jetzt sind wir im zweiten Stock. Gehen Sie hier geradeaus bis zur Kasse! Dort gibt es eine Rolltreppe.

A: Danke schön! Das ist sehr nett von Ihnen.

B: Gerne! Einen schönen Tag noch!

内容：

A: すみません。ボールペンを探しているのですが。こちらのデパートで文房具を買えますか？

B: はい，もちろんです。文房具は 5 階にございます。今，私たちは 2 階にいます。こちらをまっすぐお会計までお進みください。そちらにエスカレーターがございます。

A: ありがとうございます。ご親切に。

B: どういたしまして。よい 1 日を。

質問文：　Wo kann der Kunde einen Kugelschreiber kaufen?

質問文は「客はどこでボールペンを買えますか?」という意味です。デパートに買い物に来た客（**A**）とデパートの店員（**B**）との会話です。質問文では疑問詞 wo（どこで）が使われていますので，場所を正確に聞き取る必要があります。選択肢 **1** は「2 階で」，選択肢 **2** は「3 階で」，選択肢 **3** は「4 階で」，選択肢 **4** は「5 階で」という意味です。会話文の中には im fünften Stock（5 階に）と im zweiten Stock（2 階に）が登場します。文房具があるのは im fünften Stock であり，im zweiten Stock は客と店員が今いる場所です。したがって，正解は選択肢 **4** です。選択肢 **1** を選んだ解答が 44.98% ありました。なお，これらの階は「ドイツ式の階の呼び方」で日本での呼び方とは異なります。日本でいう 1 階はドイツ語では Erdgeschoss です。ドイツ語で 1. (erster) Stock（1 階）と言った場合，日本では 2 階に相当します。1. Stock 以上の階については，日本とドイツ語圏では表現の仕方が 1 階ずつずれるので注意が必要です。［正解率 44.65%］

◇この問題は 12 点満点（配点 4 点×3）で，平均点は 6.11 点でした。

第1部 ここがポイント！

＊あらかじめ「解答の手引き」に目を通して質問の内容を意識し，聞き取るべき内容を正確に把握できるようにしよう！

＊会話に登場する語などを手がかりとして，会話が設定されている場面を想像しながら話の展開を追うようにしよう！

＊発音が類似した語を聞き分けられるように，日頃から声に出して発音練習をしよう！

第2部 テキスト内容の理解

正解 （4） **2** （5） **3** （6） **3**

放送されたテキストと質問を聞き，その答えとして最も適した絵を選ぶ問題です。イラストに描かれている情報を手がかりに，テキスト全体のうち質問に関連する情報を正しくとらえることが求められます。

放送 問題 **4**

Heute habe ich Halsschmerzen und Husten. Vielleicht habe ich mich erkältet. Meine Oma hat mir immer gesagt, wenn man bei einer Erkältung viel Tee trinkt und im Bett bleibt, dann braucht man keine Medikamente. Ich mache das auch so. Und Alkohol darf man natürlich nicht trinken.

内容：

今日，私はのどの痛みがあり，咳をしている。たぶん風邪を引いたのだ。祖母がいつも言っていたのは，風邪の時にはたくさんお茶を飲んでベッドに横になっていれば，薬は不要ということだ。私もそのようにしている。そして，アルコールはもちろん飲んではいけない。

質問文： Was macht die Frau bei einer Erkältung?

質問文は「この女性は風邪をひいたときに何をしますか？」という意味です。選択肢 **1** では女性が薬を飲む様子，選択肢 **2** ではお茶を飲む様子，選択肢 **3** ではワインを飲む様子が描かれています。放送されたテキストでは，この女性の祖母からの教えとして，風邪を引いた時にはお茶を飲んでベッドで休むことが語られ，その後で Ich mache das auch so.（私もそのようにしている）と述べられています。したがって正解は，お茶を飲む様子が描かれている選択肢 **2** です。なお，選択肢 **1** を選んだ解答が 37.23% ありました。放送されたテキストでは，dann braucht man keine Medikamente（そうすれば薬は必要ない）とありますので，選択肢 **1** は不正解です。選択肢 **3** を選択した解答も 13.10% ありました。放送されたテキストでは，アルコール飲料について触れていますが，話法の助動詞 dürfen と否定詞 nicht が用いられているので，「〜してはいけない」という禁止の意味になります。したがって，選択肢 **3** も不正解です。［正解率 49.51%］

放 送　問題 **5**

Hallo, Lukas? Hier Sven. Deine DVD habe ich endlich gefunden! Ich habe sie hinter dem Fernseher und unter dem Tisch gesucht, aber da habe ich nichts gefunden. Sie war im Bücherregal! Ich gebe sie dir morgen in der Schule zurück.

内容：

もしもし，ルーカス？ こちらはスヴェンです。きみの DVD がついに見つかったんだ！ テレビの後ろや机の下を探しても見あたらなかったんだ。本棚の中にあったんだ！ 明日きみに学校で返すよ。

質問文：　Wo hat Sven die DVD gefunden?

質問文は「どこでスヴェンは DVD を見つけましたか？」という意味です。選択肢 **1** はテレビの後ろ，選択肢 **2** は机の下，選択肢 **3** は本棚の中に DVD がある様子が描かれています。放送では Sie war im Bücherregal!（本棚の中にあったんだ！）と述べられています。この文の冒頭の人称代名詞 Sie は DVD のことです。したがって，正解は選択肢 **3** です。［正解率 83.94%］

放 送　問題 **6**

Am Samstag habe ich einen Ausflug nach Köln gemacht. Zuerst bin ich zum Kölner Dom gegangen. Danach habe ich um zwölf in einem deutschen Restaurant zu Mittag gegessen. Ab halb vier habe ich im Stadion ein Fußballspiel gesehen. Das war ein schöner Tag.

内容：

土曜日に私はケルンに小旅行に行きました。まず初めにケルンの大聖堂に行きました。その後，12 時にドイツ料理のレストランで昼食を取りました。3 時半からはスタジアムでサッカーの試合を観ました。それは素敵な一日でした。

質問文: Wo war die Frau am Nachmittag?

質問文は「この女性は午後にどこにいましたか？」という意味です。選択肢 **1** はレストラン，選択肢 **2** はケルンの大聖堂，選択肢 **3** はスタジアムが描かれています。放送では「3時半からはスタジアムでサッカーの試合を観ました」(Ab halb vier habe ich im Stadion ein Fußballspiel gesehen.) と述べられているので，正解は選択肢 **3** です。レストランを描いた選択肢 **1** を選んだ解答が 21.83% ありました。しかし，昼食を取ったのは「12時に」(um zwölf) となっており，午後に女性がいた場所としては不適切になりますので，選択肢 **1** は不正解です。[正解率 72.49%]

◇この問題は 9 点満点 (配点 3 点×3) で，平均点は 6.18 点でした。

第2部 ここがポイント！

＊聞き取る際，イラストなどの視覚情報がある場合はそれを活用しよう！
＊話の流れを追った上で，指示表現が指している内容に注意を向けよう！
＊場所や時間に関連する表現や，数詞などは正確に聞き取ろう！

第3部 やや長い会話文の聞き取りと記述

正解 **(7) weiß　(8) Zimmer　(9) 32　(10) 16**

放送された会話と質問を聞き，解答用紙の空欄に適切な語または数字を記入することにより，答えを完成させる問題です。問題 **(7) (8)** では会話に出てくるキーワードを聞き取る一方，問題 **(9) (10)** では数を聞き取ります。「解答の手引き」および解答用紙に記載されている表現を確認した上で補うべき情報を正しく聞き取る力が求められます。放送された会話は，ラウラという名前の女の子とそのお父さんが美術館の中で交わしているものです。

放送

A: Du stehst schon so lange vor diesem Bild, Laura. Gefällt es dir?

B: Ja, Papa. Sehr. Blaue Pferde habe ich noch nie gesehen. Die Farben sind sehr schön! In diesem Museum gibt es viele Bilder von Tieren! Dort ist ein rotes Schwein.

A: Einen Hund gibt es auch. Der ist weiß, genau wie unser Hund Max.

B: Stimmt, Max ist auch weiß, aber er hat sehr kleine Ohren.

A: Laura, sieh mal das Bild hier. Das kennst du, oder?

B: Ach, ja! Das Bild sehe ich jeden Tag! Das hängt an der Wand in der Küche!

A: Ja genau. Das Poster habe ich in diesem Museum gekauft.

B: Ach so! Ich möchte ein Poster von dem Bild mit den blauen Pferden haben.

A: Am Ausgang gibt es einen Museumsshop. Dort kannst du das bestimmt kaufen.

B: Prima! Ich hänge es in mein Zimmer!

A: Lass uns langsam in den nächsten Raum gehen.

B: Was gibt es im nächsten Raum? Gibt es noch viele Bilder zu sehen?

A: Nicht so viele. Wir sind jetzt im Ausstellungsraum 32. Es gibt noch elf Räume.

B: Noch elf Räume? Papa, ich bin müde. Machen wir eine Pause. Da ist eine Bank!

A: Na, gut. Aber das Museum wird um 17 Uhr geschlossen. Jetzt ist es 16 Uhr. Wir haben nur noch eine Stunde.

B: Okay. Dann gehen wir in fünf Minuten weiter.

内容：

A: もうずいぶん長いことこの絵の前にいるね，ラウラ。この絵が気に入ったの？

B: うん，パパ。とっても。青い馬は今まで見たことなかった。色がとってもきれい！ この美術館には動物の絵がたくさんあるね！ あそこには赤い豚がいる。

A: 犬もいるよ。うちの犬マックスとまったく同じ白い犬だよ。

B: そのとおりだね，マックスも白い，耳はとっても小さいけど。

A: ラウラ，ここにある絵をちょっと見てごらん。知ってるよね？

B: ああ，うん！ その絵，毎日見てるよ！ 台所の壁に掛かってる！

A: そのとおり。そのポスター，この美術館で買ったんだよ。

B: そうなんだ！ 私は青い馬の絵のポスターが欲しいな。

A: 出口にミュージアムショップがある。そこでそれをきっと買えるよ。

B: すてき！ 私それを自分の部屋に掛ける！

A: そろそろ次の部屋に行こう。

B: 次の部屋には何があるの？ まだ見る絵はたくさんあるの？

A: そんなに多くはないよ。今，展示室 32 にいるんだ。あと 11 部屋だよ。

B: まだ 11 部屋も？ パパ，私疲れた。休憩しよう。あそこにベンチがある！

A: まあいいだろう。だけど美術館は 17 時に閉まるよ。今 16 時だ。もうあと 1 時間しかない。

B: オッケー。それじゃ 5 分後に先へ行こう。

放送 問題 **7**

質問文: Welche Farbe hat Lauras Hund?

問題文: Lauras Hund ist ___________.

質問文は「ラウラの犬は何色ですか？」という意味です。問題文は「ラウラの犬は__________です」という意味です。会話の中でラウラのお父さん (**A**) は Einen Hund gibt es auch. Der ist weiß, genau wie unser Hund Max. (犬もいるよ。うちの犬マックスとまったく同じ白い犬だよ) と言っています。それに続くラウラ (**B**) のセリフでも Stimmt, Max ist auch weiß (そのとおりだね，マックスも白い) と，weiß (白い) という色をあらわす形容詞が再び出てきます。したがって，正解は **weiß** です。なお，weis，waiz などのつづり間違いや犬の名前である Max と記入した解答もありました。[正解率 44.98%]

放送 問題 8

質問文: Wohin will Laura das Poster mit den blauen Pferden hängen?

問題文: Sie will das Poster in ihr ______________ hängen.

質問文は「ラウラはその青い馬のポスターをどこに掛けるつもりですか？」という意味です。問題文は「彼女はそのポスターを彼女の____________に掛けるつもりです」という意味です。会話の中でラウラ (**B**) は Ich hänge es in mein Zimmer! (私それを自分の部屋に掛ける！) と発言しています。したがって，正解は **Zimmer** です。なお，つづり間違いの他に Museum，Küche と記入した解答もありました。[正解率 64.33%]

放送 問題 **9**

質問文: Wo ist Laura jetzt?

問題文: Sie ist im Ausstellungsraum □□.

質問文は「ラウラは今どこにいますか？」という意味です。問題文は「彼女は展示室□□にいます」という意味です。会話の中でラウラのお父さん (**A**) は Wir sind jetzt im Ausstellungsraum 32. (今，展示室 32 にいるんだ) と発言しているので，解答欄には展示室の番号であるこの 2 桁の算用数字を記入するのが適切

です。したがって，正解は **32** です。［正解率 73.97%］

放送 問題 **10**

質問文：　Wie spät ist es jetzt?

問題文：　Es ist □□ Uhr.

質問文は「今何時ですか？」という意味です。問題文は「□□時です」という意味です。会話の中でラウラのお父さん（**A**）は Jetzt ist es 16 Uhr.（今 16 時だ）と発言しているので，解答欄にはこの 2 桁の算用数字を記入するのが適切です。したがって，正解は **16** です。直前の文に出てくる博物館が閉まる時刻（17 時）に惑わされないように，この会話が交わされている「今」の時刻を聞き取って記入する必要があります。［正解率 54.28%］

◇この問題は 16 点満点（配点 4 点×4）で，平均点は 9.50 点でした。

第 3 部 ここがポイント！

＊日常生活に関連する基本単語のつづりは正確に覚えておこう！

＊場所や時間など，解答の候補となる単語は会話の中で一つとは限らないので，単語だけ追わずに話の流れをつかむことも重要！

2021 年度ドイツ語技能検定試験結果概要
年度別結果比較

2021年度ドイツ語技能検定試験
結果概要

夏　期 ――5級4級3級2級試験――

（筆記・聞き取り試験　2021年6月27日実施）

出願者総数：　3,466名（男1,539名　女1,927名）
実数：　2,947名（男1,296名　女1,651名）

	出願者	受験者	合格者	合格率	合格最低点	平均点
5級	558	476	466	97.90%	60.18	88.91
4級	978	810	612	75.56%	60.26	71.17
3級	1,176	954	583	61.11%	60.29	64.72
2級	754	620	326	52.58%	60.42	61.27

1）　出願者実数を除き，すべての数字は併願者を含む。
2）　成績優秀者は3位まで表彰する。
3）　試験場（19会場；*印は非公開）：
東北大学　富山大学
信州大学　獨協医科大学　獨協大学
成蹊大学　創価大学　日本大学文理学部　武蔵大学
中京大学　立命館宇治高等学校*　関西大学
広島大学　香川大学　松山大学　リファレンス大博多ビル貸会議室
長崎外国語大学　大分県立芸術文化短期大学　鹿児島大学

冬　期 ——全級試験——

一次試験　(筆記・聞き取り試験　2021 年 12 月 5 日実施)

出願者総数:　5,067 名 (男 2,279 名　女 2,788 名)
実数:　4,376 名 (男 1,963 名　女 2,413 名)

	出願者	受験者	合格者	合格率	合格最低点	平均点
5 級	489	408	402	98.53%	61.95	89.86
4 級	1,533	1,351	893	66.10%	60.26	67.00
3 級	1,473	1,214	573	47.20%	60.29	58.86
2 級	930	760	334	43.95%	60.42	59.08
準 1 級	447	385	126	32.73%	58.90	53.47
1 級	195	159	39	24.53%	60.00	50.91

1)　出願者実数を除き，すべての数字は併願者，一次試験免除者を含む。
2)　5 級，4 級，3 級，2 級は一次試験合格者が最終合格者となる。
成績優秀者は 3 位まで表彰する。
3)　試験場 (20 会場；* 印は非公開)：
北海学園大学　東北学院大学　新潟駅前カルチャーセンター*
金沢大学　信州大学　武蔵大学　立教大学　慶應義塾大学
名古屋港湾会館　関西学院大学
島根県民会館　岡山大学　広島大学　愛媛大学
福岡大学　長崎外国語大学　大分県立芸術文化短期大学
熊本大学　鹿児島大学　琉球大学

二次試験　(口述試験　2022 年 1 月 23 日実施)

受験有資格者:　準 1 級　126 名
1 級　39 名

	受験者	合格者	合格率	対一次受験者合格率
準 1 級	119	101	84.87%	26.23%
1 級	39	27	69.23%	16.98%

1)　すべての数字は併願者，一次試験免除者を含む。
2)　二次試験不合格者のうち，一次試験の高得点者には，次年度に限り一次試験免除の特典を与える。本年度は準 1 級，1 級とも該当者なし。
3)　準 1 級，1 級の成績優秀者は，一次試験と二次試験の得点の合計により順位を決定し，3 位まで表彰する。
4)　試験場：ディラ国際語学アカデミー　東京外国語大学本郷サテライト
関西学院大学　福岡大学　オンライン会議システム Zoom

■ 5級 ■

年度	夏期試験 出願者	受験者	合格者	合格率	合格最低点	平均点	冬期試験 出願者	受験者	合格者	合格率	合格最低点	平均点
2009	468	395	373	94.43%	74.29	90.06	1053	931	839	90.12%	76.47	89.45
2010	544	484	444	91.74%	76.47	88.70	1284	1169	988	84.52%	65.71	78.31
2011	707	626	586	93.61%	74.29	88.47	1053	959	844	88.01%	73.53	85.72
2012	780	696	633	90.95%	74.29	86.92	912	821	707	86.11%	67.65	80.96
2013	746	657	573	87.21%	70.59	83.90	1066	936	802	85.68%	67.65	79.50
2014	816	716	633	88.41%	73.53	85.44	1038	931	790	84.85%	72.22	83.21
2015	888	791	690	87.23%	72.22	85.82	1079	968	854	88.22%	72.22	85.78
2016	705	629	559	88.87%	75.00	86.76	1141	1006	906	90.06%	61.11	80.36
2017	742	667	632	94.75%	61.11	83.81	1071	941	887	94.26%	61.11	83.73
2018	752	659	635	96.36%	61.11	86.42	903	785	772	98.34%	61.11	87.93
2019	748	663	653	98.49%	61.11	89.82	829	711	683	96.06%	61.61	83.38
2020	―	―	―	―	―	―	561	431	419	97.22%	61.61	89.65
2021	558	476	466	97.90%	60.18	88.91	489	408	402	98.53%	61.95	89.86

■ 4級 ■

年度	夏期試験 出願者	受験者	合格者	合格率	合格最低点	平均点	冬期試験 出願者	受験者	合格者	合格率	合格最低点	平均点
2005	2158	1843	1223	66.36%	60.13	67.74	3916	3513	2603	74.10%	60.00	68.75
2006	1939	1675	1119	66.81%	60.00	67.12	4073	3644	2692	73.87%	60.00	71.20
2007	2077	1812	1430	78.92%	60.00	72.24	3962	3590	2277	63.43%	58.67	63.29
2008	1854	1588	1114	70.15%	60.00	68.42	3853	3423	2160	63.10%	60.54	67.07
2009	1636	1415	1047	73.99%	60.54	71.45	3500	3133	2102	67.09%	60.00	66.43
2010	1769	1551	1151	74.21%	60.00	70.46	3455	3163	2095	66.23%	60.00	65.75
2011	1616	1427	1129	79.12%	60.00	72.01	3206	2923	2270	77.66%	60.00	71.87
2012	1664	1464	1102	75.27%	60.00	71.91	3267	2992	1625	54.31%	54.00	56.58
2013	1583	1381	882	63.87%	60.00	65.46	3172	2851	1765	61.91%	58.67	64.67
2014	1444	1260	1051	83.41%	60.00	73.79	3013	2759	1911	69.26%	60.00	68.64
2015	1546	1335	1035	77.53%	60.00	72.51	3172	2831	1920	67.82%	60.00	67.79
2016	1466	1285	940	73.15%	60.00	69.69	2748	2443	1771	72.49%	60.26	67.29
2017	1460	1279	958	74.90%	60.26	70.42	2597	2296	1327	57.80%	60.26	63.11
2018	1445	1233	827	67.07%	60.26	67.58	2513	2240	1513	67.54%	60.26	67.42
2019	1411	1222	963	78.81%	60.26	73.02	2450	2140	1628	76.07%	60.26	72.29
2020	―	―	―	―	―	―	1256	970	730	75.26%	60.26	72.57
2021	978	810	612	75.56%	60.26	71.17	1533	1351	893	66.10%	60.26	67.00

■ 3級 ■

年度	夏期試験						冬期試験					
	出願者	受験者	合格者	合格率	合格最低点	平均点	出願者	受験者	合格者	合格率	合格最低点	平均点
2005	2340	2041	1086	53.21%	64.38	64.77	3000	2668	1417	53.11%	61.59	61.61
2006	2259	1989	1074	54.00%	56.29	57.98	2965	2608	1399	53.64%	61.59	62.41
2007	2162	1885	999	53.00%	65.56	66.06	3097	2759	1446	52.41%	60.93	61.68
2008	2217	1951	1046	53.61%	65.56	66.10	3044	2603	1363	52.36%	61.27	62.09
2009	2111	1838	970	52.77%	62.68	63.76	2632	2266	1163	51.32%	66.20	66.12
2010	2112	1822	954	52.36%	60.56	62.56	2686	2359	1229	52.10%	54.23	55.28
2011	1985	1724	904	52.44%	62.68	63.39	2663	2304	1201	52.13%	58.27	59.29
2012	2210	1920	1056	55.00%	62.59	62.97	2656	2267	1059	46.71%	51.08	51.10
2013	2038	1726	943	54.63%	56.12	57.85	2507	2149	1124	52.30%	53.24	54.16
2014	1921	1622	871	53.70%	55.40	56.96	2474	2133	1186	55.60%	63.24	64.63
2015	1901	1639	896	54.67%	60.29	62.04	2779	2346	1184	50.47%	52.21	53.05
2016	1942	1671	875	52.36%	52.21	53.67	2494	2100	1095	52.14%	55.15	56.81
2017	1808	1545	813	52.62%	59.56	59.96	2501	2096	1150	54.87%	55.15	58.17
2018	1695	1450	828	57.10%	60.29	62.32	2299	1938	1115	57.53%	57.35	59.90
2019	1515	1325	684	51.62%	57.35	58.66	2195	1865	1087	58.28%	60.29	63.23
2020							1431	1087	696	64.03%	60.29	65.88
2021	1176	954	583	61.11%	60.29	64.72	1473	1214	573	47.20%	60.29	58.86

■ 2級 ■

年度	夏期試験						冬期試験					
	出願者	受験者	合格者	合格率	合格最低点	平均点	出願者	受験者	合格者	合格率	合格最低点	平均点
2009	1329	1212	628	51.82%	60.00	59.69	1634	1474	592	40.16%	55.40	51.65
2010	1259	1141	578	50.66%	57.55	57.48	1617	1456	758	52.06%	62.14	62.42
2011	1127	1008	515	51.09%	56.83	57.22	1512	1358	703	51.77%	61.43	61.64
2012	1277	1155	495	42.86%	55.00	52.58	1616	1425	608	42.67%	55.71	53.69
2013	1164	1044	479	45.88%	56.43	55.14	1485	1309	679	51.87%	62.14	62.24
2014	1105	990	431	43.54%	55.71	54.63	1534	1375	552	40.15%	55.56	53.45
2015	1132	1009	464	45.99%	57.64	56.68	1659	1468	599	40.80%	52.08	49.85
2016	1095	972	422	43.42%	60.42	58.20	1565	1340	536	40.00%	59.03	55.44
2017	1091	949	384	40.46%	55.56	53.38	1472	1257	453	36.04%	51.39	47.41
2018	1041	922	407	44.14%	55.56	53.26	1377	1192	442	37.08%	51.39	48.43
2019	980	866	375	43.30%	60.42	58.27	1235	1061	690	65.03%	65.28	70.19
2020							991	755	452	59.87%	60.42	64.64
2021	754	620	326	52.58%	60.42	61.27	930	760	334	43.95%	60.42	59.08

■ 準1級 ■

年度	一次試験 出願者	受験者	合格者	合格率	合格最低点	平均点	二次試験 受験者	合格者	合格率	対一次受験者合格率
1996	2112	1829	615	33.62%	70.2	61.83	593	246	41.48%	13.45%
1997	2003	1740	548	31.49%	66.4	57.96	513	237	46.20%	13.62%
1998	2090	1840	554	30.11%	72.2	64.09	540	249	46.11%	13.53%
1999	2165	1920	599	31.20%	64.9	57.06	587	248	42.25%	12.92%
2000	1976	1783	616	34.55%	73.20	66.96	603	264	43.78%	14.81%
2001	1750	1576	599	38.01%	73.00	68.20	571	274	47.99%	17.39%
2002	1830	1655	573	34.62%	62.64	57.19	554	386	69.68%	23.32%
2003	1776	1584	615	38.83%	56.40	53.08	594	460	77.44%	29.04%
2004	1973	1777	639	35.96%	58.33	53.35	621	471	75.85%	26.51%
2005	1898	1693	633	37.39%	58.13	53.63	622	479	77.01%	28.29%
2006	1887	1676	572	34.13%	50.59	45.76	559	445	79.61%	26.55%
2007	1706	1504	545	36.24%	56.21	51.70	537	442	82.31%	29.39%
2008	992	914	355	38.84%	60.36	57.36	347	271	78.10%	29.65%
2009	1034	934	344	36.83%	56.14	52.02	333	265	79.58%	28.37%
2010	967	880	350	39.77%	60.36	56.52	336	257	76.49%	29.20%
2011	929	847	325	38.37%	55.03	52.18	319	242	75.86%	28.57%
2012	926	829	316	38.12%	53.89	50.54	309	260	84.14%	31.36%
2013	885	792	305	38.51%	52.69	49.61	297	245	82.49%	30.93%
2014	820	751	244	32.49%	51.53	46.56	238	207	86.97%	27.56%
2015	833	753	290	38.51%	54.60	51.52	286	230	80.42%	30.54%
2016	832	760	321	42.24%	60.12	56.63	316	273	86.39%	35.92%
2017	771	683	248	36.31%	52.15	48.16	242	206	85.12%	30.16%
2018	661	583	227	38.94%	58.90	54.79	213	174	81.69%	29.85%
2019	612	538	200	37.17%	58.28	54.41	194	157	80.93%	29.18%
2020	434	316	107	33.86%	53.37	49.21	102	83	81.37%	26.27%
2021	447	385	126	32.73%	58.90	53.47	119	101	84.87%	26.23%

■ 1級 ■

年度	一次試験 出願者	受験者	合格者	合格率	合格最低点	平均点	二次試験 受験者	合格者	合格率	対一次受験者合格率
1996	306	270	55	20.37%	73.0	56.37	54	37	68.52%	13.70%
1997	317	286	42	14.69%	72.9	54.60	41	28	68.29%	9.79%
1998	283	256	32	12.50%	62.5	48.16	30	18	60.00%	7.03%
1999	280	258	48	18.60%	63.1	49.95	48	36	75.00%	13.95%
2000	259	238	70	29.41%	73.12	63.97	68	39	57.35%	16.39%
2001	279	250	61	24.40%	73.02	62.47	57	38	66.67%	15.20%
2002	289	269	59	21.93%	68.28	55.38	58	39	67.24%	14.50%
2003	300	284	84	29.58%	70.29	61.04	82	57	69.51%	20.07%
2004	352	323	58	17.96%	60.00	46.81	57	37	64.91%	11.46%
2005	328	295	52	17.63%	60.23	46.46	46	34	73.91%	11.53%
2006	324	297	53	17.85%	60.23	46.17	53	35	66.04%	11.78%
2007	303	273	54	19.78%	63.53	51.73	53	35	66.04%	12.82%
2008	292	259	50	19.31%	61.76	48.46	46	34	73.91%	13.13%
2009	283	261	43	16.48%	60.00	47.71	42	26	61.90%	9.96%
2010	278	256	27	10.55%	59.09	42.12	26	22	84.62%	8.59%
2011	258	239	29	12.13%	60.23	43.79	28	21	75.00%	8.79%
2012	241	223	55	24.66%	63.64	53.34	55	28	50.91%	12.56%
2013	296	270	67	24.81%	70.45	58.98	67	53	79.10%	19.63%
2014	265	245	40	16.33%	60.23	46.05	39	25	64.10%	10.20%
2015	298	265	61	23.02%	60.23	49.35	60	52	86.67%	19.62%
2016	316	275	53	19.27%	60.23	50.49	52	36	69.23%	13.09%
2017	271	238	29	12.18%	60.00	43.24	28	24	85.71%	10.08%
2018	236	217	37	17.05%	60.00	48.37	36	27	75.00%	12.44%
2019	246	219	63	28.77%	62.29	53.80	63	45	71.43%	20.55%
2020	191	147	29	19.73%	60.00	49.20	29	23	79.31%	15.65%
2021	195	159	39	24.53%	60.00	50.91	39	27	69.23%	16.98%

注） 1. 得点は各級とも100点満点に換算した数字です。
2. 準1級は2008年度からの呼称。2007年度までの2級に相当します。
3. 2016年度より春期試験→夏期試験，秋期試験→冬期試験に改称しました。

「独検」についての問い合わせ先
（公財）ドイツ語学文学振興会　**独検事務局**
113–0033 東京都文京区本郷 5–29–12–1006
電話 (03) 3813–0596

独検過去問題集 2022 年版〈5 級・4 級・3 級〉

2022 年 4 月 20 日　発　行

編　者　公益財団法人ドイツ語学文学振興会

発行者　柏　倉　健　介

発行所　株式会社 郁文堂

113–0033 東京都文京区本郷 5–30–21
電話［営業］03–3814–5571 ［編集］03–3814–5574

印刷 シナノ印刷　製本 国宝社

ISBN978–4–261–07347–8